PASOS

SPANISH

PASOS

Rosa María Martín

Martyn Ellis

Hodder & Stoughton

A MEMBER OF THE HODDER HEADLINE GROUP

Orders: please contact Bookpoint Ltd, 130 Milton Park, Abingdon, Oxon OX14 4SB.
Telephone: (44) 01235 827720. Fax: (44) 01235 400454. Lines are open from
9.00–18.00, Monday to Saturday, with a 24-hour message answering service.
Email address: orders@bookpoint.co.uk

British Library Cataloguing in Publication Data
A catalogue record for this title is available from The British Library.

ISBN 0 340 88606 4

First published 1991. Second edition 2001. Revised reprint 2004.

Impression number	10 9 8 7 6 5 4 3 2
Year	2010 2009 2008 2007 2006 2005

Typeset by Transet Limited, Coventry, England.
Printed in Great Britain for Hodder Education, a division of Hodder Headline, 338 Euston Road, London NW1 3BH by The Bath Press Ltd.

CONTENTS

Lección 1

1

a 2 **b** 3 **c** 1 **d** 4

6

1 F 2 I 3 I 4 F 5 I

7

2 ¿Cómo te llamas?
 ¿Qué tal?
3 ¿Cómo se llama?
 Mucho gusto.
4 ¿Cómo te llamas?
 ¡Hola! ¿Qué tal?

9

María: camarera; Jesús: mecánico; María Teresa: arquitecta; Juan: médico; Carmen: recepcionista; Eduardo: profesor

10

María es camarera. Jesús es mecánico. María Teresa es arquitecta. Juan es médico. Carmen es recepcionista. Eduardo es profesor.

14

1 Se llama Juan Luis Guerra. Es músico.
2 Se llama Javier Reverte. Es periodista y escritor.
3 Se llama Miquel Barceló. Es pintor.
4 Se llama Carmen Posadas. Es escritora.

16

japonés 4; alemana 5; escocesa 8; italiano 10; norteamericana 6; inglesa 1; galesa 9; francés 3; irlandesa 7; brasileño 2.

18

Roma p.38; París p.24; Estanbul p.54; Casablanca p.102; El Cairo p.106; Estocolmo p.18; Kingston p.82; Atenas p.27; Berlín p.6; Zúrich p.47.

19

Bulgaria: Kinka Petrova Hintcheva; Holanda: Evelin Rosenhart; Rumania: Carmen Mezei; Corea: Yoom Im Chang.

20

Luis es el padre de Javier y Yolanda, y el marido de Alicia. Alicia es la madre de Yolanda y Javier, y la mujer de Luis. Javier es el hijo de Luis y Alicia, y el hermano de Yolanda. Yolanda es la hija de Luis y Alicia, y la hermana de Javier.

22

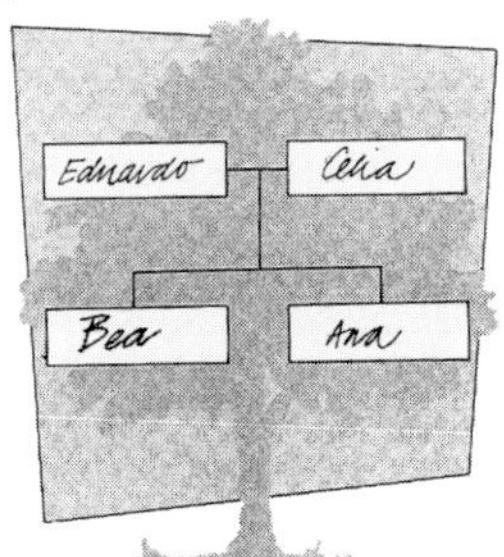

24	1	2	3
Relación	hermanos	padre e hija	hermanos
¿De dónde son?	Barcelona	Madrid	Córdoba
Profesiones	a policía b enfermero	a secretaria b camarero	a actriz b estudiante

25

1 Las Filipinas.
2 Una mujer famosa.
3 3.
5.
5 3, 1, 1,
6 Cantante, marqués, banquero (ex ministro del gobierno).
7 Miguel Boyer.

Lección 2

1

Virginia's bill is the one on the right.

2

café ☑ zumo de naranja ☑ coca cola ☒ cerveza ☑ pan ☒ tortilla de patata ☒ jamón ☑ queso ☒

3

2 **Juan:** ¿Quieres una cerveza?
Gloria: No gracias. Quiero un whisky.
3 **Juan:** ¿Quieres un café con leche?
Gloria: No gracias. Quiero un té con limón.
4 **Juan:** ¿Quieres un vino blanco?
Gloria: No gracias. Quiero un vino tinto.
5 **Juan:** ¿Quieres una tónica?
Gloria: No gracias. Quiero un agua mineral.
6 **Juan:** ¿Quieres un zumo de naranja?
Gloria: No gracias. Quiero un agua mineral.

4

2 **Camarero:** ¿Qué quieres?
Gloria: Un cortado, por favor.
3 **A:** ¿Qué quieres?
B: Quiero un café solo, por favor.

7

1 Bar Miguel. 2 Miguel. 3 Belchite.
4 Familiar. 5 Un aperitivo. 6 Sí.

8

They order: sandich de pollo doble, sandwich vegetal plancha, agua mineral con gas, cerveza.

9

1 Combinado de Pavo, Payes, Pollo Doble. 2 Monte Cristo, VIPS Club.
3 Vegetal Plancha. 4 Dos Islas.

10

a 3 **b** 2 **c** 1 **d** 5 **e** 8
f 9 **g** 6 **h** 7 **i** 4

11	**María**	**Alfonso**
¿Dónde vive?	Barcelona	Barcelona
¿De dónde es?	Pontevedra	Argentina
¿Cuál es su profesión?	estudiante	músico/oficina
¿Qué quiere beber?	café con leche	cerveza

13

Bogotá	4	Santiago	3
Ciudad de México	6	Málaga	1
Lima	2	Montevideo	5
Caracas	7		

15

a 4 **b** 2 **c** 3 **d** 1

16

1 Carmen Arias. 2 Francisca García. 3 Eduardo Martínez. 4 Pedro Rodríguez. 5 María Delgado.

17

11, 12, 15, 17, 18, 21, 32, 54, 87, 100.

19

1 García
2 Fernández
3 Martínez
4 Yuste
5 Gonzálvez
6 Ezquerra

20

A: ¿Cómo te llamas?
B: Me llamo José Luis Martín **Yuste**.
A: ¿Cómo se escribe **Yuste**?
B: Y U S T E.
A: ¿Dónde vives?
B: Vivo en la calle **Roger Tur**, número **veintinueve.**
A: ¿Cómo se escribe?
B: R O G E R T U R.
A: ¿Cuántos años tienes?
B: Tengo **treinta y dos años**.

24

1 Rosa María Vivas González.
2 Yolanda Benito, Frank Lorenzo Ferret.
3 Leticia Fernández.
4 Yolanda Benito.
5 Leticia Fernández, Rosa María Vivas González.

Lección 3

1

1 Colombia. 2 Cinco millones. 3 En el centro de Colombia. 4 Madrid.

2

2 Rosario está en el noreste (este) de Argentina.
3 Medellín está en el noroeste de Colombia.

4 Valparaíso está en el oeste de Chile.
5 Ciudad de México está en el sur de México.
6 Mendoza está en el oeste de Argentina.
7 Arequipa está en el sur (sureste) de Perú.

6

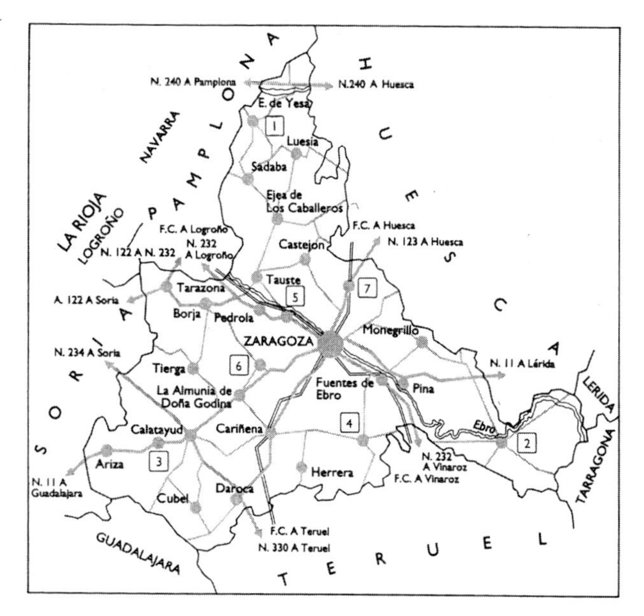

8

1 Amaya Arzuaga es diseñadora de moda. Es de Lerma que está en el norte de España. Tiene 2.500 habitantes y está a 40 km de Burgos.
2 Mari Pau Domínguez es periodista y escritora. Es de Sabadell que está en el noreste de España. Tiene 200.000 habitantes y está a 30 km de Barcelona.
3 Alejandro Amenábar es director de cine. Es de Santiago de Chile que está en el centro de Chile. Tiene 5.000.000 de habitantes y está a 75 km de Argentina.

9

See transcript on page 34.

14

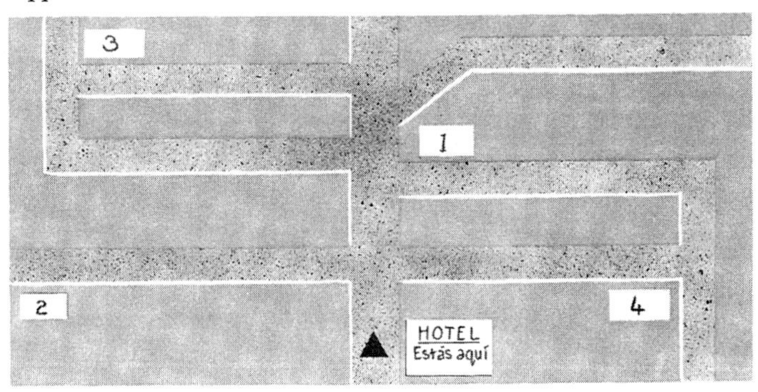

16

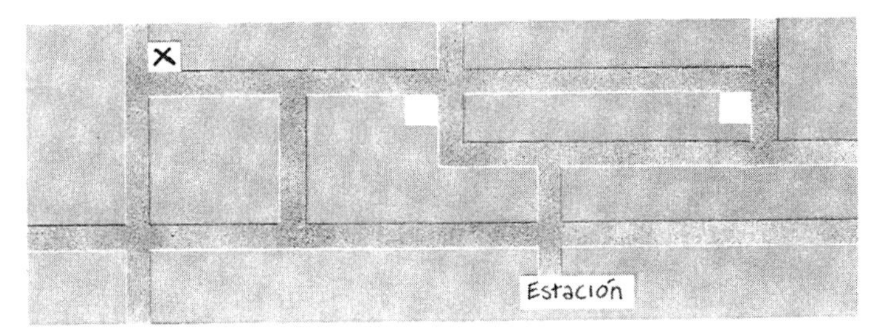

20

Situación: en el oeste del continente, entre el Pacífico y los Andes
Superficie: 200×4000 kms
Habitantes: 12 millones
Capital: Santiago

Lección 4

1

See transcript on page 35.

3	Nº de habitaciones	baño	individual doble	noches	media pensión	pensión completa
1	1	✓	D	4	✓	✗
2	2	✓	D + I	1	✗	✗
3	1	✗	I	5	✗	✓

6

1 25 junio, 3 noches. **2** 17 marzo, 11 noches.

8

1 115 Euros. **2** 102. **3** 2. **4** 2. **5** No.

10

1 Se llama Hotel Tryp Marbella Dinamar. **2** Está en Marbella. **3** Es nuevo, con 211 habitaciones dobles. 4 Hay aire acondicionado y calefacción, cuarto de baño completo, teléfono, minibar, radio y TV parabólica, jardines, piscinas, etc.

15

Dormitorios	4
Comedores	1
Salones	1
Baños	2
Cocinas	1

17

1 5° **2** 2° **3** 8° **4** 9°

21

1 El piso está en el centro. Tiene 130m². Está en la calle Diario de Córdoba. El precio es 150.000 Euros.
2 El piso está en la zona Santa Rosa. Tiene tres dormitorios, un salón grande, una cocina, una despensa, un lavadero y un patio. El precio es 89.000 Euros.
3 El piso tiene tres dormitorios, un salón-comedor y un cuarto de baño. Es todo exterior y es completamente nuevo. El precio es 99.000 Euros.

22

1 La casa más grande: Guernica
pequeña: Madriguera
cara: Playa de San Juan
barata: Arenys Alicante
2 Alicante. **3** Guernica.
4 apartamentos: Alicante, Campello. piscina: Madriguera, Costa d'en Blanes.
5 Arenys.

24

Suggestions:

1 Gistain, Alberuela de la Liena.
2 Ardanue, Fragen, Gistain.

3 Alberuela de la Liena, Bierge.

25

1 En en la comarca catalana de Bagés. 2 Tiene una piscina y un salón principal con una chimenea. 3 Es vieja pero está restaurada. Tiene un salón grande.

Lección 5

1 Trabaja en una papelería. 2 Trabaja ocho horas. 3 Tiene tres horas libres a mediodía. 4 Come en casa.

3

1 ¿Dónde vive Juan?
Vive con su familia en Madrid.
2 ¿Dónde estudias tú?
Estudio en el Instituto Goya.
3 ¿Dónde come la familia Nogueras?
Come en un restaurante.
4 ¿Dónde vives tú?
Vivo en Sevilla.
5 ¿Dónde trabaja usted?
Trabajo en una estación.

4	**Charo**	**Luisa**	**Ana**	**Tomás**
Vive en . . .	Zaragoza	Zaragoza	María Moliner, 62	Zaragoza
Come en . . .	casa	casa	un bar	casa
Trabaja . . .	en una academia de inglés		en una peluquería	como electricista
Estudia . . .	filología inglesa	COU		
Compra revistas de . . .	todo	compra periódicos y novelas	lee periódicos y literatura española	deporte, literatura de ficción
Escucha música de . . .	música nacional, clásica	rock	pop español	España
Tiene . . . hermanos	1	7	1	2

7

1 Son las seis de la tarde.
2 Son las tres de la tarde.
3 Son las cinco de la mañana.
4 Son las siete de la tarde.
5 Es la una de la tarde.
6 Son las siete de la mañana.
7 Son las once de la noche.
8 Son las ocho de la mañana.

8

1 Son las dos menos cuarto de la tarde.
2 Son las seis y media de la tarde.
3 Son las doce menos cuarto de la noche.
4 Son las ocho y diez de la mañana.
5 Son las cinco y veinticinco de la tarde.
6 Son las nueve menos veinte de la mañana.

9

1 14.30 2 09.45 3 16.15 4 12.35
5 06.50 6 14.05 7 23.20 8 03.00

12

See transcript on page 38.

14

1 Discoteca. 2 Cine. 3 Fútbol.
4 Teatro.

15

Una chica responsable, inteligente, sincera, simpática, trabajadora, nerviosa, tímida, fuerte, optimista, tranquila, sensible.

16

Tomás: responsable, trabajador, tímido, tranquilo.
Virginia: inteligente, simpática, nerviosa.

17

1 Simpática y generosa.
2 Antipático y nervioso.
3 Excelente.
4 Los horarios son diferentes.
Sólo tienen una hora para comer.
Comen a las doce.
La cena es muy pronto, a las 6.30.
Van a la cama muy pronto.
Las distancias son enormes.
Solamente salen los fines de semana.

19

1 ¡Depende de la fecha de hoy!
2 El dieciocho de marzo.
3 Carismática, complicada, hipnótica, irresistible.

21

1 Una mujer fuerte y enérgica.
2 Tiene dos plantas
una piscina
una pista de tenis
un jardín muy grande.
Está entre la ciudad y el campo.
3 Se levanta a las siete.
No desayuna.
Trabaja toda la mañana.
Toma café a las nueve.
Come con su hija y su nieto.
No trabaja después de comer.
Por la tarde hace las compras, da un paseo, trabaja en su jardín.
Cena muy poco.
Lee por la noche.

¿Que hace Corín Tellado a estas horas?

1 07.00 Se levanta.
2 09.00 Toma un café.
3 13.30 Juega con su nieto.
4 14.00 Come.
5 15.00 Da un paseo.

¿Sí o No?

1 No. Vive cerca de la ciudad. **2** Sí. **3** Sí. **4** Sí. **5** No. Escribe por la mañana/Lee por la noche. **6** Sí.

¿Qué significan estos números?

1 El número de novelas de Corín Tellado.
2 Su edad.
3 Vive a cinco kilómetros de Gijón.
4 La edad de Begoña, su hija.
5 Se levanta/Número de idiomas a que se ha traducido sus novelas.

Lección 6

1

Leche condensada, aceitunas, Cola Cao, tomates, tostadas, café, galletas, pasta, berberechos, arroz, aceite, pan, mermelada de fresa, aceite de oliva, espárragos, cereales, chocolate, patatas fritas.

2

¿Qué compra?
Una botella de aceite, jamón, huevos.
¿Cuánto compra?
Un litro, cien gramos, media docena.
¿Cuánto es?
9 euros.
¿Qué compra que no está en tu lista?
Jamón y huevos.

3

Las tiendas	La comida
1 La verdulería	**c** La verdura
2 La carnicería	**e** La carne
3 La panadería	**d** El pan
4 La pescadería	**j** El pescado
5 La frutería	**f** La fruta
6 La pastelería	**a** Los pasteles

4

Verdura: patatas, tomates, coliflor, cebollas.
Fruta: naranjas, manzanas, plátanos, peras.
Pescado: bacalao, merluza, sardinas, trucha.
Carne: pollo, cordero, lomo, salchichas.

6

100 gramos: queso, jamón.
$^{1}/_{4}$ kilo: queso, jamón.
2 kilo: plátanos, zanahorias.
$^{1}/_{2}$ litro: leche.
1 kilo: plátanos, zanahorias.

8

una lata de olivas
media docena de huevos
una caja de galletas
un bote de mermelada
un paquete de patatas fritas
Hay cuatro latas
dos botellas

dos botes
tres paquetes
cinco cajas

10

Uva moscatel 160 € kilo; melón 0,90/kilo; manzana Golden 1,30 € kilo; salchichas frescas 'Dagesa' 4,50 € kilo; lomo de cerdo 6,58 € kilo; ternasco 9,75 € kilo; jamón cocido 'extra' 11,90/kilo; queso 9,25 € kilo.

12

1 57: Cada español come 57 kilos de carne al año.
121: Cada español bebe 121 litros de leche.
16: Cada español come 16 kilos de productos lácteos como yogur.
3º: Las frutas son el tercer producto en orden de importancia.
103: Cada español come 103 kilos de frutas frescas cada año.
30: Cada español come 30 kilos de naranjas cada año.
2 En el noreste y el noroeste.
3 La carne; la leche; los productos lácteos (yogur, mantequilla, queso); las frutas (naranjas); el pescado; la verdura.
4 Comen menos queso que en el resto de Europa.

24

1 www.optize.es. 2 www.viaplus.es.
3 www.viaplus.es
4 www.madeinspain.net
5 www.barrabes.es.

15	Artículo	Color	Talla	Precio	Sí o No
Tienda 1	una falda	negra	40	36	Sí
Tienda 2	una chaqueta	verde	42	60	No
Tienda 3	un jersey	blanco	grande	29	Sí

Lección 7

3

2 La hija de tu hermano es tu sobrina.
3 El padre de tu padre es tu abuelo.
4 La hija de tu madre es tu hermana.
5 La hermana de tu padre es tu tía.
6 El hijo de tu tía es tu primo.
7 El nieto de tu madre es tu hijo.

5

1 No. En todo el país. 2 Sí. 3 Sí.
4 No. En Cataluña y el Norte. 5 No. Son canosos.

7

La familia Domínguez
María Asunción Domínguez es de Belchite, en la provincia de Zaragoza. Tiene treinta y cinco años y vive en un

pueblo cerca de Barcelona. Está casada y tiene dos niñas de seis años y dos años de edad. Es bastante alta, delgada y morena. Tiene ojos azules. Es profesora de español. Tiene un hermano que se llama José Luis, de treinta y un años. Él es profesor de español también. Vive y trabaja en Zaragoza, en la universidad. Es alto, muy delgado, moreno, tiene los ojos verdes.

Sus padres se llaman Miguel y Alicia, y viven en Zaragoza también. Su padre tiene una pequeña empresa de construcción y su madre es ama de casa. Miguel es gordo y moreno. Alicia es morena y baja. Los dos son muy simpáticos.

1 José Luis es delgado.
2 Alicia es morena y baja.
3 María Asunción y José Luis son profesores de español.
4 María Asunción vive en un pueblo.
5 José Luis tiene los ojos verdes.
6 María Asunción es delgada.
7 María Asunción y Alicia son casadas.
8 Alicia trabaja en casa.
9 María Asunción tiene dos hijas, y Miguel y Alicia tienen dos hijos.
10 José Luis tiene una hermana.

8

1 **a** Recepcionista en un hotel.
  b Guía turística.
2 Explica la historia de Belchite.
3 De nueve a una. A veces por la tarde también.
  En el hotel trabaja de día (de ocho a cuatro) o de noche (de cuatro a doce).
4 Le gusta.

9

a Boxcalf, Villalabon, S.L., C/Jorge 14, 28001 Madrid.
b ICA, Dpto RRHH, C/La Rábida, 27, 28039 Madrid.
c Esso Española, Apartado de Correos 493, 28080 Madrid.
d Power Line, S.L., Parque Empresarial de la Marina, C/Teide, 7, 28700 San Sebastián de los Reyes (Madrid).

11

1 6.30 Práctica
2 8.30 Asamblea
3 1.00 Comen
4 Por la noche: cenan, concierto.

13

España, Perú, Haiti, Chile, Honduras, Bolivia, México, Cuba.

15

Escribe una descripción del apartamento:
Es un apartamento de tres dormitorios. Un dormitorio tiene cuarto de baño. En la planta baja hay un comedor que está al lado de la cocina. También hay un salón y un baño.

20

From left to right the sunshades belong to: Luis (blue and white), Pedro (orange flowers), Daniel (red and green), Ana (purple with white spots), Jaime (small with yellow, blue and purple), Carolina

(purple with white fringe), Susana (multi-coloured stripes).
The children are from left to right: Carolina, Jaime, Ana, Daniel, Luis, Susana, Pedro.
The blue at the top of the picture is the sky, not the sea.

21

2 ¿Cuál es tu número de teléfono?
3 ¿Cuál es tu profesión?
¿Qué eres?
¿Qué haces?
4 ¿Dónde vives?
5 ¿De dónde eres?
6 ¿Dónde vives?
7 ¿Cómo te llamas?
8 ¿A qué hora empiezas a trabajar?
9 ¿A qué hora te acuestas?
¿A qué hora vas a la cama?
10 ¿Dónde trabajas?
11 ¿Cuántos años tienes?
12 ¿Qué haces en tu tiempo libre?
13 ¿Dónde vas (los domingos?)
14 ¿A qué hora te levantas?
15 ¿Dónde está . . . ?

Lección 8

1	le gusta(n)	no le gusta(n)
la música	✓	
los libros	✓	
el fútbol		✓
la bicicleta	✓	
la familia	✓	
las películas	✓	

3

(No) me gusta la fruta.
(No) me gusta el tenis.
(No) me gustan las fiestas.
(No) me gusta leer.
(No) me gustan los deportes.
(No) me gusta el cine.
(No) me gustan las naranjas.

5

A Maribel y a Cecilia les gusta:	A Maribel le gusta:	A Cecilia le gusta
ir al cine **leer** **estar/salir con amigos**	no hacer nada escuchar música pintar el teatro pasarlo bien	cocinar invitar a amigos a cenar en casa pasear mirar escaparates

6

Se llama Alejandro y tiene . . . años.
Es de Salamanca y su signo es Tauro.
Su cumpleaños es el doce de mayo.
Mide 1,83 y tiene ojos azules.
Le gustan los coches antiguos y le gusta correr, hablar, hacer amistades y el boxeo.
Le gusta mucho (adora) la naturaleza y la sensualidad y no le gusta (odia) la superficialidad y la vanidad.

9

Los animales: Julieta Cervantes Morán.
La gente: Luis Trabal/Marta Madrigal.
La música: Luis Trabal.
Los sellos: José A. Franco Garres/ Julieta Cervantes Morán/Martín González.
El cine: Lázaro Hernández Suárez.
La aventura: Luis Trabal.
Pintar: Lázaro Hernández Suárez.

11

See transcript, page 43.

12	**Bueno**	**Malo**
1 **Londres**	los parques, los teatros	la suciedad, las tiendas que se cierren temprano, viajar
2 **París**	la vida cosmopolita, el río y los puentes, las galerías de arte	la gente
3 **Madrid**	el ambiente, la vida nocturna, la gente	la contaminación, el clima

14

See transcript, page 44.

17	María y Ana	María	Ana
1	Se levantan	Sale a las ocho	Sale a las ocho y media
2	Desayunan	Trabaja	Estudia
3	Salen juntas después del trabajo	Come en un restaurante	Come en casa
4	Van al cine		
5	Cenan en casa		

18

-ar
investigar *(to investigate)*
diseñar *(to design)*
proyectar *(to plan)*
desarrollar *(to develop)*
contratar *(to contract)*
exportar *(to export)*
supervisar *(to supervise)*

-er
vender *(to sell)*

-ir
construir *(to build)*

19

3 a Tauro, Leo Sagitario
b Géminis
c Libra, Escorpio, Acuario
d Aries, Cáncer
e Cáncer
f Aries, Leo, Sagitario
g Virgo
h Aries, Escorpio
i Tauro, Leo, Sagitario

20

1 Le gusta salir a tomar copas y escuchar música rock. Le gusta tomar el sol en su yate y bañarse en el mar o en la piscina.
Prefiere la ropa informal a la de vestir. Lleva una gorra de sol y bermudas de colorines.
Su padre es propietario del yate Teresa. Su hermano mayor, Quico Martínez, es actor.

2 Completa el texto.
Maite Martínez **toma** el sol en el yate Teresa y **se baña** en el mar. Le gusta **salir** por la noche. **Va** a un bar que **se llama** Las Estrellas. Maite **bebe** Coca Cola o tónica y a veces **toma** copas.

3 Una entrevista con Maite Martínez.
¿Qué te gusta beber?
¿Qué haces por la noche?
¿Qué tipo de música te gusta?
¿Cuántos años tienes?
¿Cómo se llama tu hermano?
¿Quien es Monhco López?

Lección 9

1

1 Quiere ir al cine. 2 No.
3 Su madre está enferma y ella está cansada. 4 Van al cine el domingo.

4

a 4 **b** 5 **c** 1 **d** 2 **e** 3

5

See transcript, page 45.

8

See transcript, page 46.

12	Lugar	Aceptar/negar	Excusa/problema
1	fútbol	negar	ocupado: mucho trabajo
2	restaurante	aceptar	sale de clase a las 7.30
3	piscina	negar	está resfriado, tiene fiebre
4	discoteca	negar	no le gusta bailar

16

1

Lunes 16 Mayo
Martes 17 Mayo
Miércoles 18 Mayo
¿cine?
Jueves 19 Mayo
¿discoteca?
Viernes 20 Mayo
fiesta de Carmen con Alfonso
Sábado 21 Mayo
¿piscina?
Domingo 22 Mayo

2

Lunes 16 Mayo
Martes 17 Mayo
Miércoles 18 Mayo
clase de Inglés
Jueves 19 Mayo
estudiar
Viernes 20 Mayo
fiesta con María
Sábado 21 Mayo
casa de mis amigos Carlos y Ana
Domingo 22 Mayo

3 Van a salir el viernes.
4 Van a ir a comer.

18

1 mirar ✓	2 pasear ✓
3 tocar ✗	
4 tomar notas ✓	8 fotografiar ✗
5 comer ✗	9 descansar ✓
6 hablar ✓	10 consultar ✓
7 aprender ✓	11 fumar ✗

19

No hay dibujo para una película de aventuras.

22

1 D **2** B **3** C **4** G **5** F **6** H **7** E **8** I **9** A

Lección 10

1

1 See transcript on page 48 for complete text.
2 Porque sale temprano.
3 Reserva un asiento de ida y vuelta.
4 32 euros.
5 Sí.

2

Más información: 29 mayo
está climatizado (*air-conditioned*)
Los errores: El precio (31 euros)
Es un billete para un fumador (*smoker*)

6

1 From top left, clockwise: autobús, autobús, autobús, tren, autocar, metro, taxi.

7

1 No. Hay que pagar a partir de los cuatro años. **2** Sí. **3** No. No puedes fumar en el autobús. **4** Sí. **5** No. Hay autobuses con aire acondicionado. **6** Sí. **7** Sí. **8** No. Viajar en autobús es más rápido.

8

	A	B	C
1	Madrid Chamartín	Lérida	Barcelona
2	3	5	2
3	Rápido Talgo	Tranvía	Electrotrén
4	Va a salir pronto	Va a salir dentro de cinco minutos	Va a salir con media hora de retraso (*half an hour delay*)

11

1 Madrid. **2** Córdoba, Granada. Va a ir a estas ciudades después de Madrid. **3** No sabemos. Probablemente. **4** Irán al mercado. **5** Irán a comer tapas. **6** Sí. **7** No. Viven en Granada. **8** Londres. **9** En Córdoba. **10** Sí.

Los verbos en el futuro: llegaré; iré, iremos; estaré; comeremos; podremos; visitaré; volveré; quedaré; invitarás; habrá (haber).

12

1 El dibujo de la pareja bailando.
2 **a** Sí. 3 **b** No, va en tren porque es más cómodo. 4 **c** Sí. 5 **d** No, comerán en el hotel porque la comida es excelente.

17

Luis quiere ir a la playa.
Ana quiere ir a ver los monumentos.
Juan quiere ir a la ciudad.
María quiere ir a las montañas.

20

1 Ecuador. 2 Sí, pero no en Cuba.
3 Sí. 4 Sí.

22

Después iremos al hotel.
El tercer y cuarto días iremos de excursión.
El quinto día saldremos en autocar a Cuernavaca. Luego iremos a Taxco donde iremos de compras.
El sexto día saldremos a Acapulco.
El séptimo día iremos a las playas y a la ciudad de Acapulco.
El octavo día volveremos a México.
El noveno día regresaremos a España.

Vocabulario para la próxima lección

El verano: el sol, el cielo, la nube.
El invierno: la nieve, la nube, la lluvia.
La primavera: el sol, la lluvia, la nube.
El otoño: la nube, la lluvia, el sol.

Lección 11

1

1 Rosa. 2 Hace mal tiempo, llueve, hace frío. 3 Hace calor y mucho sol.
4 En su trabajo. 5 En la costa.

3

1 d 2 b 3 e 4 a 5 c.

4

Postal 1: el invierno; Postal 2: el verano; Postal 3: el otoño

6	el texto	la persona	¿coinciden?
la primavera	Buenas temperaturas	Agradable Buena temperatura Llueve poco	✓
el verano	Sol y calor Temperaturas frescas en las montañas	Mucho calor Temperatura fresca en las montañas	✓
el otoño	Suave	Varía Viento	✗
el invierno	Nieve Sol	Viento Frío Mucho sol Nieve en las montañas	✓

8

Describe el mapa 1 (a la izquierda)
Temperaturas: *see transcript, page 50*
Estación: invierno

11

See transcript, page 51.

12

	tiempo	salud	trabajo	invitación	amigos	casa	vacaciones
1		resfriada	mucho				el Mediterráneo, el mes que viene
2		bien		comer en casa el domingo		pintando la cocina	
3	calor				están de vacaciones	bien	playa

15

Perdone 4 Gracias 2. Soy Luis. Llamaré más tarde 1. Hola, soy Pedro 3.

16

1 Sí. 2 No. 3 Sí. 4 Sí. 5 No.

18

1 Shower. 2 Supper. 3 Sleeping.
4 Working. 5 Washing the car.

Expressions:

1 *Can you ring back later?*
2 *Can you ring back in a while?*
3 *I'll phone back later/in a while.*
4 *Can he/she phone you later?*

20

1 Antonio está leyendo.
2 La niña está durmiendo.
3 Yo estoy tomando el sol . . .
4 . . . y bañándome.
5 Todos los días vamos a cenar al restaurante. El problema es que estoy comiendo demasiado.
6 Vamos a la discoteca cada noche.
7 Generalmente voy a la cama muy tarde.

23

1 El baño. 2 El estudio. 3 La cocina.
4 El dormitorio. 5 El salón/el estudio.

24

1 Está preocupado.
2 Está alegre.
3 Está enfadado.
4 Está triste.
5 Es agresivo.
6 Es tímida.
7 Está cansado.
8 Está enfermo.

Lección 12

1

1 Juan va a ir a casa.
2 Ana invita a Juan.
3 Tiene dos entradas para el cine.
4 Ana va a ir al cine.
5 No.
6 Porque está cansado.

3

A: ¿Qué hiciste anoche?
B: Fui a ver a mi amigo.
A: ¿Saliste con él?
B: Sí. Fui al cine con él.
A: ¿Qué película viste (visteis)?
B: Una policiaca. No me acuerdo del título.
A: ¿Hiciste algo después?
B: Mi amigo volvió a casa y yo fui a la discoteca.
A: ¿No cenaste nada?
B: Ah sí. Cené con mi amigo y después fui a casa.

4

1 Se levantó a las siete.
2 Desayunó en un bar con una amiga.
3 Trabajó en la oficina.
4 Comió un sandwich en un bar con una amiga.
5 Fue a comprar una revista en un quiosco.
6 Celebró su cumpleaños en la oficina.
7 Visitó a sus padres.
8 Cenó con unos amigos en un restaurante.

8

See transcript, page 53.

11

Medio de transporte	avión	B	barco	C	tren	–	coche	–
Lugar	montañas	A	playa	C	pueblo	D	extranjero	B
Duración	2 semanas	D	3 semanas	C	1 mes	A	6 semanas	B
Cuándo	junio	–	julio	D	agosto	C	septiembre	B
Alojamiento	hotel	C	camping	D	su casa	A	casa de amigos	B
Actividades	nadar tomar el sol	C,D C	excursiones montañismo	A,B,C –	paseos ciclismo	A,C C,D	teatro museos	B B

16

1 Fuimos, con las profesoras, a un festival en las afueras de Zaragoza que se llama Futurman.
2 Visitamos dos museos: un museo de arte y uno de escultura.

3 Para comer, fuimos a un restaurante . . .
4 Por la tarde fuimos a un parque muy grande donde paseamos, hicimos carreras y saltamos.
5 Entonces fuimos a la fábrica donde se fabrica el aceite de oliva.
6 Por la mañana, fuimos a una visita de . . . la basílica del Pilar.

Errores corregidos: jóvenes/las motos/una exposición/me gustó/fue(era)/un museo de arte/éstos fueron(eran)/porque/mucho/carreras/estábamos/desierta/dijo/medio/visita/árabe/fui/españoles.

18

1 1954
2 1977
3 1972–1976
4 1978–1980
5 1983
6 1977
7 1980–1984

19

See transcript, page 54.

21

Nombre y apellidos: Pilar Matos
Lugar y fecha de nacimiento Barcelona
Estudios realizados: dejó química para estudiar cine
Trabajos: script, ayudante de dirección, puso en marcha el departamento de spots de Sagi, escritora
Trabajo actual: presentadora y directora de radio

Nombre y apellidos: Manuel Campo Vidal
Lugar y fecha de nacimiento: 1951
Estudios realizados:
ingeniería técnica, periodismo y sociología en la Escuela de Altos Estudios, París
Trabajos:
periodista con 'El Ciervo', 'Triunfo', 'Tele-express', 'El Periódico', 'Informaciones', y RTVE.
Trabajo actual:
presentador de 'Punto y aparte' en la SER.

22

1 Carmen Maura.
2 Inés Sastre.
3 Miguel Bosé.
4 **a** Antonio Maura. **b** Alejandro Amenábar.
5 Eduardo Noriega: le gustan las películas 'thriler'.
Inés Sastre habla francés perfectamente y es licenciada en literatura francesa.
Carmen Maura: le gusta la comedia y ha trabajado en varias películas de Pedro Almodóvar.
Miguel Bosé: Tiene un atractivo físico peculiar.
6 Carmen Maura.
7 nació – nacer; empezó – empezar; adoptó – adoptar.

26

1 Pablo Casals . . .
nació en Vendrell.
estudió música en Barcelona.

obtuvo plaza como violonchelista en una orquesta famosa en Madrid y París.
fue a vivir a Puerto Rico en el exilio.
2 inició – iniciar; pasó – pasar; ingresó – ingresar; formó – formar; fueron – ser; obtuvo – obtener; fue – ser; empezó – empezar; recorrió – recorrer; consideró – considerar.

27

1 Valencia.
2 1950.
3 La Facultad de Bellas Artes de Valencia.
4 Pintora/artista.
5 Una galería de arte.
6 En los Estados Unidos, 1980.

Lección 13

1

Los síntomas: Un catarro muy fuerte, un dolor de cabeza, un dolor de oído.
El diagnóstico: Una infección.
La receta: Unos antibióticos.
En consejo: Tiene que tomar una pastilla después de cada comida.

3

1 La espalda. 2 La garganta. 3 Los pies. 4 La cabeza. 5 Los oídos.

5

Síntoma(s)	Enfermedad	Receta
dolor de cabeza	la gripe	pastillas
dolor de estómago	una indigestión	pastillas
	una infección de estómago	supositorios
fiebre	una insolación	pastillas
	la gripe	
	un virus	
	una infección de la garganta	jarabe
diarrea	un virus	pastillas
	una infección de estómago	supositorios
	una intoxicación	jarabe
dolor de ojos	una insolación	pastillas
	la gripe	
dolor de oídos	una infección de oído	pomada
escozor en la espalda	una insolación	pomada
mareos	una intoxicación	jarabe
	una insolación	supositorios
dolor de garganta	un catarro	jarabe

The prescriptions for the above illnesses are suggestions only!

7

1 Clínica Dental.
2 José María Pérez Pérez.
3 David Allue.
4 Clínica Veterinaria Ruiseñores.
5 David Allue.
6 Consultorio Médico.
7 Dr. Teixeira.
8 Zatorre/Optica Lacalle.
9 Centro Médico de Acupuntura Tradicional.
10 Centro Médico de Alergia y Asma.

8

1 top right 2 bottom left 3 bottom right 4 top left.

10

1 60%
2 50%
3 Viven más años.
Falta de recursos económicos.
Menor satisfacción laboral.
La soledad.
4 1 pueblos muy pequeños
2 ciudades grandes
3 ciudades medianas
5 Las enfermedades de la vista.
Las enfermedades de la voz.
Las enfermedades de los pies y las piernas.

11

Nombre Yolanda
Apellidos Falcon Yuste
Enfermedades infantiles tifus y las normales
Otras enfermedades importantes ninguna
Vacunas todas
Enfermedades de los padres dolor de espalda (madre)
Operaciones apendicitis
Hábitos no fumador, tenis, natación

14

See transcript, page 57.

17

- Ha encontrado trabajo.
- Ha comprado una casa.
- Ha hecho muchas amistades y habla más con la gente.

19	1	2	3
Objeto	una cartera	una chaqueta	un paraguas
Color	negra	roja	azul
Material	piel	lana	madera (mango)
¿Dónde lo perdió?	en un taxi	?	?
¿Encontrado?	Sí	No	No

21

Cat: Perdida gata . . .
Bag with glasses: Desaparecido bolso . . .
Bag with swimming costume: Se ruega a quien . . .
Camera: Olvidada máquina fotográfica . . .
Gold chain: Se ha perdido cordón de oro . . .

23

1 Ha perdido un bolso.
2 Lo ha perdido en la estación, en el quiosco.
3 Estuvo con su marido y sus hijas.
4 Le robaron a las diez.
5 No sabe quién le robó.
6 *See transcript on page 57 for full details.*
7 Es mediano, de tela, marrón con listas negras, con su nombre.

24

Mujer: carnet de conducir
estuche pequeño con sus joyas
Marido: carnet de conducir
gafas de sol
Hijas: pasaportes
libro
también: libro
cámara fotográfica
dinero (unos 240 euros)

26

36% de la población adulta de la CE son fumadores.
38% de la población española fuma.
43% de las poblaciones de Países Bajos y Grecia fuma.
45% de los fumadores quieren dejar de fumar.
de la población de Dinamarca fuma.

Lección 14

1

	+	–
1	swimming dancing cinema parties, fiestas	theatre museums chess swimming
2	parachuting	walking
3	museums theatre chess	parties dancing

See transcript on page 58 for further details.

2

See transcript on page 58.

5

1 Está lloviendo. **2** Está nevando. **3** Hace sol. **4** Hace viento. **5** Hace frío. **6** Hay niebla.

6

Tipo de programa	Título de programa	Canal	Hora
Noticias	Telediario 2	La primera	21:00
Noticias	Noticias 1	Antena 3	15:00
Deportes	Ciclismo	La primera	16:00
Documental	National Geographic: La estación de los salmonetes	La 2	17:30
Magacín	Ahora	Antena 3	20:30
Película	*Armas de mujer*	Antena 3	22:00
Película	*La Loba*	La 2	22:30
Concurso	Grand Prix	La primera	21:55
Telenovela	María Emilia	La primera	17:15

1 Amaya Pérez de Mendiola y Javier Alba.
2 La ambiciosa secretaria.
3 Los ciclistas.
4 *Pasa palabra.*
5 Noticias 1 de Antena 3.

10

1 No. 2 Sí. 3 Sí. 4 No. 5 Sí.

11

1 20. 2 200. 3 Recrear el tercer viaje de Cristóbal Colón. 4 Al Orinoco. 5 Un concurso. 6 Miguel de la Quadra Salcedo. 7 Inka Martí.

12

	Pasado	**Futuro**
El año	el año pasado	Este año
El viaje de Colón	segundo	tercero
El nombre del barco	no sabemos	Guanahani
El número de jóvenes	500	400
Sus edades	16–17 años	no sabemos
Número de nacionalidades	de 26 países	24
Lugares visitados	Tenerife, la Gomera, Hierro, San Juan de Puerto Rico, Santo Domingo, Puerto Plata, Isabela, Puerto Navidad, La Habana, Miami, Guanahani, Lisboa.	La Gomera, las Islas de Cabo Verde, las Bocas del Orinoco, el Salto del Angel, Ciudad Bolívar, Trinidad, Santo Domingo, Madeira.
Actividades	no sabemos	navegar en canoa, explorar tierras nuevas
Puerto de vuelta	Cádiz	no sabemos
Duración	1 mes	32 días

13

1 Porque quedó prendado de sus playas doradas y sus verdes palmeras, de su clima tropical y de la hospitalidad de su gente (Colón fue el primer español que visitó la República Dominicana.)
2 Hay submarinismo, paseos, discotecas, golf y tenis.
3 En el corazón del Caribe.
4 El precio incluye avión, alojamiento, desayuno en el hotel y traslados hotel – aeropuerto – hotel.

14

1 Un mes y medio (6 semanas) Vendieron sus cosas e hicieron todo tipo de trabajos.

2 Hicieron un anuncio de cerveza en Perú.
3 En Bolivia el motocross más alto del mundo.
En Argentina escalaron una montaña.
4 Ellos construyeron el barco en Perú.
5 6.
6 1.
7 3 antes y 3 al final. No trajeron nada, sólo fotos y una mochila.
8 decidir, viajar, salir, llegar, quedarse (*to finish up, end up*), empezar, vender, hacer, tener, haber, volver, recibir, dar, facilitar (*to facilitate, give*), ayudar (*to help*), batir (*to beat, break (a record)*), correr, ganar, escalar (*to climb*), bajar (*to come down, descend*), construir, vivir, casarse, traer (*to bring*), estar.

17

Top left: Hay que cerrar bien las entradas a su vivienda. Si es posible debe instalar una buena puerta de seguridad.
Top right: No hay que dejar las llaves en escondites improvisados. Si quiere dejar un juego de reserva hay que dejarlo con alguien de su confianza.
Bottom left: No hay que dejar joyas ni dinero en casa. Cualquier entidad de ahorro puede ocuparse de su custodia.
Bottom right: No hay que comentar su ausencia ni dejar notas indicando cuándo piensa regresar.

18

Autobús, avión, barco, moto, bicicleta, pie.

20

Los señores Nogueras siempre van a la playa en agosto. Sus vacaciones son cortas pero son muy agradables. Pasan quince días en un camping, al lado del mar Mediterráneo, cerca de Torredembarra. El camping es muy grande y muy limpio. Siempre está lleno de gente en verano. Los señores Nogueras no tienen una tienda, tienen un bungalow que es pequeño pero es muy bonito. Ellos están contentos porque tienen todo lo necesario. Los servicios del camping están muy bien y la playa es preciosa. Tienen muchos amigos y organizan fiestas y competiciones deportivas con ellos.

21

2 Nosotros queremos comprar discos porque nos gustan los discos/nos gusta la música.
3 Los señores Nogueras van a la costa porque les gusta la costa.
4 Cada sábado voy a una discoteca porque me gusta bailar.
5 Tenemos dos gatos y tres perros en casa porque nos gustan los animales.
6 Tengo miedo de visitar a mi amigo porque tiene un perro y no me gustan los perros.
7 No voy a América porque hay que ir en avión y no me gusta viajar en avión.
8 No quiero ir al cine contigo porque no me gusta el cine.

Pronunciación

Las vocales

a, e, i, o, u

a	padre	**ue**	bueno
e	tengo	**ie**	bien
i	fin	**au**	trauma
o	foto	**ei**	seis
u	gusto	**ai**	bailar
		eu	deuda
		oi	hoy

Las consonantes

b	baile	**z**	zona
v	volver	**r**	pero
j	jugar		comer
g	gente	**rr**	perro
	gimnasio	**ll**	llamar
	guerra		
	guitarra	**ñ**	mañana
c	centro	**w**	whisky
	cine		water
	comida		

Stress

recepcionista	comer
patatas	recepción
cenan	inglés

Lección 1 ¿Quién eres?

1

1 Me llamo María Teresa.
2 Me llamo Charo.
3 Me llamo Tomás.
4 Me llamo Tessa, ¿y tú?

3

Saludos

¡Hola!
Buenos días.
Buenas tardes.
Buenas noches.
Adiós.

6

¿Formal o informal?

1 **Rosa:** ¿Cómo se llama?
Arturo: Me llamo Arturo.
2 **Rosa:** ¿Cómo te llamas?
Carlitos: Me llamo Carlitos.
3 **Rosa:** ¿Cómo te llamas?
Begoña: Me llamo Begoña.
4 **Rosa:** ¿Cómo se llama?
Aurelia: Me llamo Aurelia.
5 **Rosa:** ¿Cómo te llamas?
Angel: Me llamo Angel.
Rosa: Mucho gusto.

15

Rosa: ¡Hola! Me llamo Rosa. Soy profesora. Soy española, de Zaragoza.
María Teresa: ¡Hola! Soy María Teresa. Soy arquitecta. Soy colombiana, de Bogotá.

16

La clase

Bueno, empezando a la izquierda, la chica esa se llama Dawn y es inglesa. Luego hay un brasileño que se llama Alex. El chico sentado se llama Guy y es francés. Luego hay un japonés que se llama Hiroaki. A su lado hay dos chicas rubias: Katrin es alemana y Carla es norteamericana. Luego Margot que es irlandesa. Al lado de Katrin está June, una escocesa y al lado de Carla está Lorraine, que es galesa. Por último Luca, un italiano. Ésta es mi clase.

20

Luis es el padre de Javier y Yolanda y el marido de Alicia. Alicia es la madre de Yolanda y Javier y la mujer de Luis. Javier es el hijo de Luis y Alicia y el hermano de Yolanda. Yolanda es la hija de Luis y Alicia y la hermana de Javier.

22

Beatriz habla de su familia

¡Hola! Me llamo Bea. Tengo una hermana que se llama Ana. Mi padre se llama Eduardo y mi madre se llama Celia.

24

Hola, buenas noches. Les presento a nuestra primera pareja que está formada por Angeles y Felipe García. Son hermanos, de Barcelona. Angeles es policía y Felipe es enfermero. La segunda pareja es María Pérez que es secretaria, y Pedro Pérez, camarero. Son padre e hija y residentes en Madrid. Y por último, después de una semana de descanso vuelven al programa llenos de energía nuestros campeones Ana y José Rodríguez que son también hermanos, de Córdoba. Ana es actriz y José estudiante. Bienvenidos.

Vocabulario para la próxima lección

Los números

cero	tres	seis	nueve
uno	cuatro	siete	
dos	cinco	ocho	

Lección 2 ¿Qué quieres?

1

Virginia en un bar

Virginia: Hola.
Camarero: Hola. ¿Qué quieres tomar?
Virginia: Quiero una tónica. No. Quiero un café, por favor.
Camarero: ¿Quieres algo más?
Virginia: Sí, ¿qué hay?
Camarero: Hay olivas, patatas fritas, empanadillas, jamón . . .
Virginia: ¿Hay tortilla de patata?
Camarero: Sí.
Virginia: Bueno, pues . . . tortilla.
Camarero: ¿Algo más?
Virginia: No, nada más. ¿Cuánto es?
Camarero: Tres euros.

2

1 **A:** ¿Quieres un café?
B: Sí, gracias.
2 **A:** ¿Quieres una coca cola?
B: No, gracias.
3 **A:** ¿Quieres un zumo de naranja?
B: Sí, por favor.
4 **A:** ¿Quieres tortilla de patata?
B: No, gracias.
5 **A:** ¿Quieres queso?
B: No, gracias.
6 **A:** ¿Quieres una cerveza?
B: Sí, por favor.
7 **A:** ¿Quieres jamón?
B: Sí, por favor.
8 **A:** ¿Quieres pan?
B: No, gracias.

8

Camarero: ¿Qué quieren?
Tomás: Para mí un sandwich de pollo, por favor.

Yolanda: Yo quiero un sandwich vegetal a la plancha.
Camarero: ¿Y para beber?
Yolanda: Un agua con gas.
Tomás: A mí me pone una cerveza.

10

Él: ¿Quieres vino?
Ella: No, no gracias. Bueno, un poco. ¡Uy, basta, basta!
Él/Ella: ¡Salud!
Él: ¿Un poco más? ¡Qué bueno!
Ella: Mmm, no sé.
Él: Sólo un poco.

11

Dos personas en un bar
María: ¿Está ocupado?
Alfonso: No, no.
María: Gracias. ¿Eres español?
Alfonso: No, soy argentino, pero vivo aquí en Barcelona. ¿Y tú? ¿Eres de aquí?
María: No, soy de Pontevedra, pero también vivo aquí. Soy estudiante en la universidad.
Alfonso: Yo soy músico pero también trabajo en una oficina. ¿Quieres algo?
María: Sí, un café con leche, ¿y tú? ¿quieres algo más?
Alfonso: Sí, una cerveza.
María: ¡Camarero! Un café con leche y una cerveza.

13

1 **A:** ¿Dónde vives?
B: Vivo en Málaga.
2 **A:** ¿Dónde vives?
B: Vivo en Lima.
3 **A:** ¿Dónde vives?
B: Vivo en Santiago.
4 **A:** ¿Dónde vives?
B: Vivo en Bogotá.
5 **A:** ¿Dónde vives?
B: Vivo en Montevideo.
6 **A:** ¿Dónde vives?
B: Vivo en Ciudad de México.
7 **A:** ¿Dónde vives?
B: Vivo en Caracas.

17

Más números
Once, doce, quince, diecisiete, dieciocho, veintiuno, treinta y dos, cincuenta y cuatro, ochenta y siete, cien.

19

El abecedario
a b c ch d e f g h i j k l ll m n ñ o p q r s t u v w x y z.

¿Cómo se escribe?
1 G-A-R-C-I-A
2 F-E-R-N-A-N-D-E-Z
3 M-A-R-T-I-N-E-Z
4 Y-U-S-T-E
5 G-O-N-Z-A-L-V-E-Z
6 E-Z-Q-U-E-R-R-A

20

Rosa: ¿Cómo te llamas?
José Luis: Me llamo José Luis Martín Yuste.
Rosa: ¿Cómo se escribe Yuste?
José Luis: Y-U-S-T-E.
Rosa: ¿Dónde vives?
José Luis: Vivo en la calle Roger Tur, número veintinueve.
Rosa: ¿Cómo se escribe?
José Luis: R-O-G-E-R T-U-R

Rosa: ¿Cuántos años tienes?
José Luis: Tengo treinta y dos años.
Vocabulario para la próxima lección
la capital: La capital de España es Madrid.
una ciudad: Es una ciudad de tres millones de habitantes.
un pueblo, mil, habitantes: Vivo en un pueblo de mil habitantes.
la provincia: Está en la provincia de Zaragoza.
un kilómetro: Está a cincuenta kilómetros de la capital de la provincia.
un monumento: Tiene muchos monumentos.
la agricultura, la industria: En mi pueblo hay agricultura pero no hay industria.
el agua: La región es muy seca. No hay agua.

Lección 3 ¿Dónde está?

1

Rosa: No eres española, ¿verdad?
María Teresa: No. Soy colombiana, pero vivo en Madrid.
Rosa: ¿Cuál es la capital de Colombia?
María Teresa: Bogotá. Yo soy de allí.
Rosa: ¿Y dónde está exactamente?
María Teresa: Pues, está en el centro del país.
Rosa: ¿Es muy grande?
María Teresa: Sí. Tiene cinco millones de habitantes.

2

1 Madrid está en el centro de España.
2 Bogotá está en el centro de Colombia.
3 Buenos Aires está en el este de Argentina.
4 Santiago está en el centro de Chile.
5 Montevideo está en el sur de Uruguay.
6 Lima está en el oeste de Perú.
7 Caracas está en el norte de Venezuela.

4

Rosa María: ¿Dónde está Mendoza?
Héctor: Está en el oeste de Argentina.
Rosa María: ¿Está cerca de Buenos Aires?
Héctor: No, está muy lejos.
Rosa María: ¿A cuántos kilómetros está?
Héctor: A mil kilómetros.
Angeles: ¿Dónde está Belchite?
Rosa María: Está en el noreste de España, en la provincia de Zaragoza.
Angeles: ¿Está cerca de Zaragoza?
Rosa María: Sí, está cerca.
Angeles: ¿A cuántos kilómetros está?
Rosa María: A cuarenta kilómetros.

6

En la oficina de turismo de Zaragoza

1 A: ¿Dónde está Sos del Rey Católico?
B: Está en el norte de la provincia.
A: ¿Está cerca de Zaragoza?
B: No, está lejos.
A: ¿A cuantos kilómetros está?
B: A ciento veintidós.

2 A: ¿Dónde está Caspe?
B: Está en el sureste de la provincia.
A: ¿Está cerca de Zaragoza?
B: No, está lejos.
A: ¿A cuántos kilómetros está?
B: A ciento ocho.

3 **A:** ¿Dónde está Ateca?
B: Está en el suroeste de la provincia.
A: ¿Está cerca de Zaragoza?
B: No, está lejos.
A: ¿A cuántos kilómetros está?
B: A cien kilómetros.

4 **A:** ¿Dónde está Belchite?
B: Está en el sur de la provincia.
A: ¿Está cerca de Zaragoza?
B: Sí, está bastante cerca.
A: ¿A cuántos kilómetros está?
B: A cuarenta y nueve.

5 **A:** ¿Dónde está Alagón?
B: Está en el centro de la provincia, al noroeste de Zaragoza.
A: ¿Está cerca?
B: Sí, muy cerca, a quince kilómetros.

6 **A:** ¿Dónde está Épila?
B: Está al suroeste de Zaragoza.
A: ¿Está lejos?
B: No, está muy cerca, a treinta kilómetros.

7 **A:** ¿Dónde está Zuera?
B: Está muy cerca de Zaragoza, en el noreste.
A: ¿A cuántos kilómetros está?
B: A veintitrés.

9

Rosa: Buenas tardes.
Sra Yuste: Hola, buenas tardes.
Rosa: ¿De dónde es usted?
Sra Yuste: Yo soy de Belchite.
Rosa: ¿Dónde está Belchite?
Sra Yuste: Está cerca de aquí, a cuarenta y cinco kilómetros, más o menos.
Rosa: ¿Vive allí?
Sra Yuste: No, no. No vivo allí. Vivo aquí en Zaragoza.
Rosa: ¿Es grande Belchite?
Sra Yuste: Grande no. No es grande. Hay más o menos mil quinientos habitantes. Es muy pequeño.
Rosa: ¿Y cómo es?
Sra Yuste: Pues hay un pueblo viejo, monumental, destruido durante la guerra civil. Está cerca del pueblo nuevo. En el pueblo viejo hay muchos monumentos, pero en el pueblo nuevo no hay mucho. Hay un piscina, un campo de fútbol, hay bares y mucha agricultura, sí, mucha, pero no hay agua.

14

1 **A:** Por favor, ¿dónde está el Museo de Arte Moderno?
B: Siga esta calle todo recto y toma la segunda a la derecha. El museo está a la izquierda de la calle.

2 **A:** ¿Y puedes decirme también dónde está la catedral?
B: Está en la primera calle a la izquierda, al final de la calle.
A: Muchas gracias.

3 **A:** Oye, por favor, ¿dónde está la estación?
B: Siga esta calle todo recto y tome la tercera a la izquierda, siga hasta el final de la calle y a la derecha se encuentra la estación.
A: Muchas gracias.

4 **A:** Oye, por favor, ¿puedes decirme dónde está el restaurante Pepe? ¿Está por aquí?

B: Sí, tome la primera a la derecha, continúe todo recto hasta el final. Allí está el restaurante Pepe, a la derecha.

16

Sales de la estación y sigues todo recto, tomas la segunda a la izquierda hasta el final, entonces sigues a la derecha y después a la izquierda, continúas todo recto y mi casa está al final de la calle a la derecha.

Vocabulario para la próxima lección

A: ¿Vives en una **casa**?
B: No. vivo en un **piso**.
A: Yo vivo en un **apartamento** y tenemos un chalé en la playa. En el **chalé** hay un **garaje** para el coche y hay una **piscina** en el **jardín**. Hay muchas **ventanas**, dos **balcones** y una **terraza** con vista al mar. También hay dos **puertas**.
B: ¿Es muy caro?
A: Sí, es un chalé muy caro pero el apartamento es **barato**.

Lección 4 ¿Cómo es?

1

En el hotel

Recepcionista: Buenos días.
Cliente: Buenos días.
Recepcionista: ¿Qué quería?
Cliente: Una habitación individual, por favor.
Recepcionista: Sí. ¿Para cuántas noches?
Cliente: Para tres.
Recepcionista: ¿La quiere con baño o con ducha?
Cliente: Con baño.
Recepcionista: ¿Quiere desayunar en el hotel?
Cliente: Sí, por favor.
Recepcionista: Vale. Su carnet de identidad, por favor.

3

1 **Cliente:** Buenos días.
Recepcionista: Buenos días.
Cliente: Una habitación doble con baño, por favor.
Recepcionista: Sí. ¿Para cuántas noches?
Cliente: Para cuatro.
Recepcionista: ¿Quiere desayunar en el hotel?
Cliente: Sí, sí claro. Y también cenar. Quiero media pensión.
Recepcionista: De acuerdo. Su carnet de identidad, por favor.

2 **Cliente:** Buenas tardes. Quiero una habitación doble con dos camas y una individual, por favor, para esta noche.
Recepcionista: Muy bien.
Cliente: Con baño.
Recepcionista: De acuerdo.
Cliente: ¿Está incluido el desayuno?
Recepcionista: Sí, el desayuno está incluido en el precio.
Cliente: Estupendo.
Recepcionista: ¿Me da su pasaporte, por favor? Firme aquí.

3 **Recepcionista:** Buenos días. ¿Qué desea?
Cliente: Una habitación individual

con baño.

Recepcionista: Lo siento, pero no me quedan habitaciones con baño. Tengo una con lavabo y el baño está al lado mismo de la habitación.

Cliente: Vale. Está bien.

Recepcionista: ¿Para cuántas noches la quiere?

Cliente: Para cinco. Con pensión completa.

Recepcionista: Muy bien.

5

Hay doce meses en un año:
enero, febrero, marzo, abril, mayo, junio, julio, agosto, septiembre, octubre, noviembre, diciembre.

6

1 **Recepcionista:** Hotel Oriente, dígame.

Cliente: Por favor, quiero reservar dos habitaciones dobles para el veinticinco de junio, para tres noches.

Recepcionista: Muy bien, su nombre, por favor.

2 **Recepcionista:** Hotel Oriente, dígame.

Cliente: ¿Puede reservarme una habitación individual para el diecisiete de marzo?

Recepcionista: Sí. ¿Para cuántas noches la quiere?

Cliente: Para once.

Recepcionista: De acuerdo.

15

María Jesús describe su casa

Rosa: María Jesús, dime cómo es tu casa.

María Jesús: Mi casa es bastante grande. En la planta baja está el taller mecánico dónde trabaja mi padre y en la planta alta está la vivienda. Es un piso. Tiene cuatro dormitorios, un salón comedor, un comedor, dos baños y la cocina.

Rosa: ¿Tú tienes tu cuarto?

María Jesús: Tengo mi propio cuarto, ya que no tengo hermanas.

16

Primer piso (primero), segundo piso, tercer piso (tercero), cuarto piso, quinto piso, sexto piso, séptimo piso, octavo piso, noveno piso, décimo piso.

17

Cuatro personas en un ascensor

1 Al quinto. **2** Al segundo. **3** Al octavo. **4** Voy al noveno.

Vocabulario para la próxima lección

Los días de la semana: lunes, martes, miércoles, jueves, viernes

El fin de semana: sábado, domingo

Lección 5 ¿Qué haces?

1

Alicia habla de su trabajo

Rosa: ¿Qué haces, Alicia? ¿Trabajas?

Alicia: Sí, trabajo en una tienda, es una papelería.

Rosa: ¿Y qué horario tienes?

Alicia: Trabajo de nueve a una y de cuatro a ocho por la tarde.

Rosa: Trabajas mucho, ¿no?

Alicia: Sí, pero tengo tres horas libres a mediodía para comer.
Rosa: ¿Vives cerca de la tienda?
Alicia: Sí, vivo muy cerca.
Rosa: ¿Y vas a casa a mediodía?
Alicia: Generalmente, sí. Como en casa a las dos, más o menos.

4

1 **Rosa:** Charo, ¿dónde vives?
Charo: Vivo en la calle Hermanos Gambra de Zaragoza.
Rosa: ¿Estudias o trabajas?
Charo: Estudio y trabajo.
Rosa: ¿Qué estudias?
Charo: Estudio Filología inglesa.
Rosa: ¿Y en qué trabajas?
Charo: Trabajo en una academia de inglés.
Rosa: ¿Haciendo qué?
Charo: Soy profesora de inglés. Enseño a los niños.
Rosa: ¿Y dónde comes?
Charo: Como en casa.
Rosa: ¿A qué hora?
Charo: Sobre las dos.
Rosa: ¿Tienes hermanos?
Charo: Sí, tengo un hermano.
Rosa: ¿Cuántos años tiene tu hermano?
Charo: El tiene veintidós años.
Rosa: ¿Qué . . . qué música escuchas?
Charo: Escucho música nacional y música clásica.
Rosa: ¿Qué revistas o libros compras?
Charo: Compro y leo todo tipo de revistas y libros.

2 **Rosa:** ¿Cómo te llamas?
Luisa: Luisa.
Rosa: ¿Dónde vives?
Luisa: En Tenor Fleta, cincuenta y siete.
Rosa: ¿En qué ciudad?
Luisa: En Zaragoza.
Rosa: ¿Estudias o trabajas?
Luisa: Estudio.
Rosa: ¿Qué estudias?
Luisa: COU, que es . . . es un curso de orientación para la universidad.
Rosa: ¿Dónde comes generalmente?
Luisa: En mi casa.
Rosa: ¿Y a qué hora comes?
Luisa: A las tres.
Rosa: ¿Tienes hermanos?
Luisa: Sí, siete.
Rosa: ¿Chicos o chicas?
Luisa: Chicos y chicas.
Rosa: ¿Cuántos?
Luisa: Cuatro chicos y tres chicas.
Rosa: ¿Qué música escuchas?
Luisa: Generalmente rock.
Rosa: ¿Y qué libros o revistas lees?
Luisa: Mmmm. Leo el periódico y novelas.

3 **Rosa:** ¿Cómo te llamas?
Ana: Ana.
Rosa: ¿Dónde vives, Ana?
Ana: En María Moliner, sesenta y dos.
Rosa: ¿Trabajas o estudias?
Ana: Trabajo.
Rosa: ¿En qué trabajas?
Ana: En una peluquería.
Rosa: ¿Dónde comes?

Ana: En un bar cerca de la peluquería.
Rosa: ¿A qué hora comes?
Ana: Sobre las dos y media.
Rosa: ¿Tienes hermanos?
Ana: Sí, uno.
Rosa: ¿Cómo se llama?
Ana: Juan.
Rosa: ¿Qué música escuchas?
Ana: Generalmente pop español.
Rosa: ¿Y qué revistas o libros lees?
Ana: Periódicos y literatura española.

4 **Rosa:** ¿Cómo te llamas?
Tomás: Mi nombre es Tomás.
Rosa: ¿Dónde vives?
Tomás: En el camino de las Torres número veintinueve de Zaragoza.
Rosa: ¿Estudias o trabajas?
Tomás: Estoy trabajando.
Rosa: ¿En qué trabajas?
Tomás: Soy electricista en la empresa Balay.
Rosa: ¿Y a qué hora comes y dónde?
Tomás: Suelo comer sobre las dos y media y en casa de mis padres que es donde vivo.
Rosa: ¿Tienes hermanos?
Tomás: Sí, tengo dos hermanas.
Rosa: ¿Qué música escuchas?
Tomás: Principalmente música española.
Rosa: ¿Y qué revistas o libros compras?
Tomás: Revistas de índole deportivo y literatura de ficción.

9

¿Qué hora es?

1 Son las dos y media de la tarde.
2 Son las diez menos cuarto de la mañana.
3 Son las cuatro y cuarto de la tarde.
4 Es la una menos veinticinco de la tarde.
5 Son las siete menos diez de la mañana.
6 Son las dos y cinco de la tarde.
7 Son las once y veinte de la noche.
8 Son las tres de la mañana.

12

¿Cómo es el día de Virginia?

Rosa: ¿Qué haces todos los días, Virginia?
Virginia: Me levanto a las siete de la . . . de la mañana. Voy a clase, que las clases empiezan a las ocho. Salgo de las clases a las dos.
Llego a casa y como.
Por las tardes voy a un gimnasio porque soy profesora y doy clases de gimnasia rítmica y de aerobic. Llego a casa sobre las ocho, ceno un poco, hago mis deberes y me acuesto a la cama sobre las once o las doce de la noche.

¿Cómo es el día de Charo?

Rosa: Charo, ¿puedes decirme qué haces en un día normal?
Charo: Sí. Me levanto a las ocho de la mañana. A las nueve de la mañana salgo de casa y voy a la universidad. Acabo a la una y vuelvo a casa para comer. A las cinco de la tarde voy a trabajar a la academia de inglés y termino a las

nueve de la noche. Entonces vuelvo a casa, ceno y estudio o me voy a la cama.
Rosa: Es un día muy largo, ¿no?
Charo: Sí, muy largo.

14

¿Qué haces? ¿A dónde vas los fines de semana?

1 **A:** ¿Qué haces el fin de semana?
B: Voy a la discoteca con mis amigos.

2 **A:** ¿Qué haces el fin de semana?
B: Voy al cine.

3 **A:** ¿Qué haces el fin de semana?
B: Hago deporte y voy al fútbol.

4 **A:** ¿Qué haces el fin de semana?
B: Muchas veces voy al teatro.

16

María Teresa: Mi amigo Tomás es un chico responsable, muy trabajador, un poco tímido, pero muy tranquilo. Virginia es muy inteligente, simpática, un poco nerviosa.

Vocabulario para la próxima lección

Los colores

Azul, rojo, amarillo, rosa, blanco, verde, azul marino, negro.

Lección 6 ¿Algo más

2

En la tienda

Cliente: Buenos días. Deme una botella de aceite, por favor.
Dependienta: ¿De litro?
Cliente: Sí, de litro.
Dependienta: ¿Algo más?
Cliente: Sí. Cien gramos de jamón y media docena de huevos.
Dependienta: Vale. ¿Alguna cosa más?
Cliente: No. Nada más. ¿Cuánto es?
Dependienta: Son nueve euros.

3

1 En la verdulería compras la verdura.
2 En la carnicería compras la carne.
3 En la panadería compras el pan.
4 En la pescadería compras el pescado.
5 En la frutería compras la fruta.
6 En la pastelería compras los pasteles.

4

verdura: patatas, tomates, cebollas, coliflor.
fruta: naranjas, manzanas, peras, plátanos.
pescado: bacalao, merluza, sardinas, trucha.
carne: cordero, salchichas, lomo, pollo.

6

1 Cien gramos de queso
o cien gramos de jamón.
2 Un cuarto de jamón
o un cuarto de queso.
3 Medio kilo de plátanos
o medio kilo de zanahorias.
4 Un litro de leche.
5 Un kilo de zanahorias
o un kilo de plátanos.

8

Una lata de olivas.
Media docena de huevos.
Una caja de galletas.
Un bote de mermelada.
Un paquete de patatas fritas.

9

Más números

cien
ciento veinte
ciento cuarenta y cinco
doscientos, doscientas
trescientos, trescientas
cuatrocientos, cuatrocientas
quinientos, quinientas
seiscientos diez, seiscientas diez
setecientos, setecientas
ochocientos ochenta y ocho,
ochocientas ochenta y ocho
novecientos, novecientas
mil
mil doscientos, mil doscientas

10

Compre en ECO-DAGESA

Ofertas especiales esta semana.
Uva Moscatel a un euro sesenta el kilo.
Melón a noventa céntimos el kilo y manzana Golden a un euro treinta el kilo.
En carnes tenemos: salchichas frescas a cuatro euros cincuenta, lomo a seis euros cincuenta y ocho el kilo, y ternasco a nueve euros setenta y cinco el kilo.
En charcutería: jamón extra a once euros noventa y queso a nueve euros veinticinco el kilo.

14

Vocabulario

Un pantalón, una blusa, una falda, un vestido, un jersey, unos zapatos, una camisa, una corbata, una chaqueta, un abrigo.

15

En una tienda de ropa

1 **Cliente:** ¿Puedo probarme esta falda, por favor?
Dependienta: Sí, a ver. ¿Cuál es su talla?
Cliente: La cuarenta.
Dependienta: Ésta es muy grande. Mire, ésta es su talla.
Cliente: Sí, pero la quiero negra y ésta es azul.
Dependienta: Sí, un momento . . . Ésta . . .
Cliente: ¿Cuánto es ésta?
Dependienta: Treinte y seis euros.
Cliente: Sí, ésta me gusta.

2 **Cliente:** Por favor. ¿Tiene esta chaqueta en otros colores?
Dependienta: Sí, ¿qué color le gusta?
Cliente: Verde.
Dependienta: ¿Le gusta ésta?
Cliente: A ver. Es muy grande. Quiero una talla más pequeña.
Dependienta: ¿Ésta?
Cliente: ¿Qué talla es?
Dependienta: La cuarenta y dos.
Cliente: Sí, ésta . . . pero . . . ¿es el mismo precio?
Dependienta: Pues, es un poco más cara, sesenta euros.
Cliente: No gracias, es muy cara.

3 **Cliente:** Quiero ese jersey por favor.
Dependienta: ¿Cuál, el blanco?
Cliente: Sí.
Dependienta: Ése no es de señora, ¿eh?
Cliente: No, no, es para mi hermano.
Dependienta: Ah, vale.

Cliente: ¿Es la talla grande?
Dependienta: Sí.
Cliente: Vale, me lo quedo.
Dependienta: Muy bien. Son veintinueve euros.

20

Un chico **alto**, una chica **alta**.
Un hombre **delgado**, una mujer **delgada**.
Un señor **moreno**, una señora **morena**.
Un joven **bajo**, una joven **baja**.
Un niño **gordo**, una niña **gorda**.
Un chico **rubio**, una chica **rubia**.

23

Cuatro verbos nuevos
abrir, cerrar, empezar, terminar.

La tienda **abre** a las nueve de la mañana y **cierra** a la una.
La película **empieza** a las cuatro y **termina** a las seis.
Vocabulario en casa
En un supermercado o un gran almacén
la entrada, la salida
la caja
el directorio
información
los servicios: Caballeros, Señoras

Lección 7 Repaso

1

Rosa: ¿Cómo te llamas?
María Jesús: Me llamo María Jesús.
Rosa: ¿De dónde eres?
María Jesús: Soy de Belchite.
Rosa: ¿Cuál es tu profesión?
María Jesús: Soy recepcionista en un hotel y también guía turística.
Rosa: ¿Dónde vives?
María Jesús: Vivo en Belchite.
Rosa: ¿Dónde está Belchite?
María Jesús: Está a cincuenta kilómetros de Zaragoza.
Rosa: ¿Puedes hablarme un poco de tu familia?
María Jesús: Sí. Tengo dos hermanos, uno de ellos está casado y tiene una niña, y mis padres también viven.
Rosa: ¿Y cómo se llama tu sobrina?
María Jesús: Mi sobrina se llama Gemma.
Rosa: ¿Cuántos años tienen tus hermanos?
María Jesús: Mi hermano, el más mayor, tiene treinta años y está soltero. El segundo tiene veintiocho años y está casado y yo tengo veinticuatro años.
Rosa: ¿Y tú tienes novio?
María Jesús: No, no tengo novio.
Rosa: Pero tienes muchos amigos.
María Jesús: Sí, tengo muchos amigos.
Rosa: ¿Cómo se llama tu mejor amiga?
María Jesús: Mi mejor amiga se llama Chon.
Rosa: ¿Cómo es?
María Jesús: Es alta, morena, con pelo rizado, ojos negros y lleva gafas.
Rosa: ¿Y cómo es su carácter?
María Jesús: Es muy simpática, muy divertida y . . . nos queremos mucho.

8

María Jesús habla de su trabajo
Rosa: ¿Puedes hablarme un poco de tu trabajo?

María Jesús: Yo tengo dos trabajos, uno de invierno y otro de verano. En invierno trabajo de recepcionista en un hotel y en verano trabajo de guía turística en mi pueblo, en Belchite. El antiguo pueblo de Belchite se conserva como monumento histórico nacional y la gente viene a visitarlo.

Rosa: Háblame de tu trabajo como guía.

María Jesús: Me suelo levantar a las nueve de la mañana, espero que venga el grupo de turistas y después, cuando ya estamos todos reunidos, hacemos un recorrido por el antiguo pueblo de Belchite. Yo les digo donde estaba el ayuntamiento, la iglesia, los principales edificios del pueblo y eso es todo. Después hacemos otra pequeña visita por el pueblo nuevo.

Rosa: ¿A qué hora terminas tu trabajo?

María Jesús: Por las mañanas sobre la una del mediodía. Voy a casa y como y después por la tarde, si hay más turistas, trabajo otra vez y si no he terminado.

Rosa: ¿Cómo es tu trabajo en el hotel?

María Jesús: Mi trabajo en el hotel es muy divertido. Trabajo bien turno de mañana o turno de tarde. Si trabajo por la mañana empiezo a las ocho y termino a las cuatro, y si trabajo por la tarde empiezo a las cuatro y termino a las doce.

Rosa: ¿Dónde está el hotel?

María Jesús: El hotel está situado en los Pirineos, está a pie de pista en una estación de esquí.

12

María Jesús habla de su pueblo

Rosa: María Jesús, dime dónde está tu pueblo y cómo es.

María Jesús: Mi pueblo se llama Belchite. Está a cincuenta kilómetros de Zaragoza. Es un pueblo pequeño, sólo unos mil ochocientos habitantes. Es muy nuevo ya que fue destruido el antiguo Belchite durante la guerra civil. Lo inauguraron en mil novecientos cincuenta y cuatro, por lo tanto todas las casas son nuevas. Tiene unas calles muy amplias y las casas también son bastante grandes. Tenemos iglesia, ayuntamiento, teatro, y para la gente joven hay bastantes bares y discotecas.

21

1 **A:** ¿A qué hora comes?
B: A las dos.

2 **A:** ¿Cuál es tu número de teléfono?
B: 369 4521.

3 **A:** ¿Qué haces?
B: Soy dependienta.

4 **A:** ¿Dónde vives?
B: En Londres.

5 **A:** ¿De dónde eres?
B: De Londres.

6 **A:** ¿Dónde vives?
B: En la calle Naranjo.

7 **A:** ¿Cómo te llamas?
B: Me llamo Juan.

8 **A:** ¿A qué hora trabajas?
B: A las nueve de la mañana.

9 **A:** ¿A qué hora vas a la cama?
B: A las once de la noche.

10 **A:** ¿Dónde trabajas?

B: En una oficina.
11 **A:** ¿Cuántos años tienes?
B: Veinticuatro años.
12 **A:** ¿Qué haces en tu tiempo libre?
B: Leo muchos libros.
13 **A:** ¿A dónde vas?
B: Al partido de fútbol.
14 **A:** ¿A qué hora te levantas?
B: A las siete y media de la mañana.
15 **A:** ¿Dónde está la catedral?
B: Todo recto, al final de la calle.

Vocabulario para la próxima lección

bailar: Bailamos en la discoteca los fines de semana.
viajar: Viajamos a la costa en el verano.
leer: Leo un libro todas las noches.
cocinar: Cocino unos platos especiales.
ver: Veo la televisión todos los días.
ir: Voy al cine con mi novia.
hacer: Hago deporte en mi tiempo libre.
pasear: Paseamos con la familia los domingos.
mirar: Miramos los escaparates de las tiendas.
salir: El sábado por la noche normalmente salgo con mis amigos.
pasarlo bien: Me lo paso muy bien cuando estoy con mis amigos.
no hacer nada: Los domingos no hago nada especial.

Lección 8 ¿Qué te gusta?

1

María Teresa: ¿Qué haces en tu tiempo libre?
Rosa: No tengo mucho tiempo libre pero me gusta la música, escucho mucha música y me gusta leer.
María Teresa: ¿Practicas algún deporte?
Rosa: No me gustan los deportes, excepto el ciclismo pero no me gusta practicarlo en la ciudad porque hay mucho tráfico.
María Teresa: Te gusta estar con tu familia, ¿verdad?
Rosa: Sí. Paso prácticamente todo mi tiempo libre con mi familia. Vamos al parque con las niñas. Comemos en casa de amigos . . . a veces mi marido y yo vamos al teatro o cenamos en un restaurante.
María Teresa: ¿Te gusta el cine?
Rosa: Sí, me gusta mucho. A veces vamos al cine.

2

Me gusta el cine.
Me gustan las películas de Saura.
Me gusta la música.
Me gustan las sinfonías de Beethoven.
Me gusta leer.
Me gusta comer en casa.

11

¿Qué opinas de tu ciudad?

1 **Rosa:** Charo, por favor, ¿puedes decirme qué te gusta y no te gusta de tu ciudad?
Charo: Pues me gusta de mi ciudad que siempre está el sol en el cielo, que es una ciudad moderna, que tiene muchos cines y teatros y sitios para poder divertirte, pero no me gusta el tráfico, ni los humos, ni la contaminación.

2 **Rosa:** Virginia. ¿Qué te gusta y qué no te gusta de tu ciudad?
Virginia: Me gusta el ambiente y la gente que hay, pero no me gustan los autobuses urbanos.

3 **Rosa:** Luisa. ¿Qué te gusta y qué no te gusta de tu ciudad?
Luisa: Me gustan las pastelerías y los cines y no me gustan los bares con mucho ruido.

4 **Rosa:** ¿Qué te gusta y qué no te gusta de tu ciudad, Yolanda?
Yolanda: No me gustan los edificios y el tráfico y me gusta el parque grande.

12

1 Vivo en Londres. Es muy grande, quizás demasiado grande y viajar por la ciudad es difícil. Lo bueno de Londres son sus parques: me gustan mucho y hay muchos. También tiene muchos teatros y son preciosos. Me encanta ir al teatro en Londres. Pero las calles de Londres están muy sucias. No me gusta la suciedad. Y las tiendas cierran muy temprano.

2 Vivo en París. Tiene un río precioso con los puentes tan bonitos, pero no hay muchos parques en el centro de la ciudad. Me gusta también la vida cosmopolita y las galerías de arte. Pero todo el mundo corre en París, nadie quiere hablar conmigo. La gente no es muy simpática.

3 Vivo en Madrid. Me gusta mucho la vida nocturna. Hay mucho ambiente en la ciudad. La gente es muy simpática. Es una capital muy bonita. Lo único que no me gusta es la contaminación y el clima. En verano las temperaturas son muy altas.

14

Tiempo libre

1 **Rosa:** Javier, ¿qué haces en tu tiempo libre?
Javier: Pues me dedico a hacer muchas cosas. Me gusta leer, me gusta hablar con amigos, me gusta mucho charlar, salir con ellos y contar cosas, a veces voy al cine. También hago deporte. Salgo los fines de semana al monte o a esquiar.

2 **Rosa:** María Jesús, ¿qué haces en tu tiempo libre?
María Jesús: Los fines de semana salgo por ahí. Para mí el fin de semana empieza el sábado por la tarde ya que el sábado por la mañana trabajo. Por la tarde nos reunimos todos los amigos en un bar y salimos por ahí, tomamos copas en los bares, vamos a la discoteca y después vamos a dormir a casa a las seis o las seis y media de la mañana. El domingo salimos por la mañana a tomar vermut y por las tardes también salimos de bares, a la discoteca o al cine.
Rosa: Lo pasáis muy bien, ¿no?
María Jesús: Sí, lo pasamos muy bien.

17

Las gemelas

María: Pues casi siempre nos

levantamos a la misma hora y desyunamos juntas. Pero yo salgo de casa a las ocho y Ana media hora más tarde, a las ocho y media o así. Yo voy a trabajar a mi oficina y Ana va al instituto. No comemos juntas a mediodía. Yo como en un restaurante y Ana vuelve a casa a comer. Pero después del trabajo salimos juntas. Vamos a tomar algo o al cine ya que tenemos los mismos amigos y nos gusta ir a los mismos sitios. Siempre cenamos en casa las dos con toda la familia.

Vocabulario en casa

Los deportes

El atletismo, el montañismo, el tenis, el ciclismo, el esquí, el baloncesto, la gimnasia, el kárate, el fútbol, la natación, el buceo, el jogging.

Vocabulario para la próxima lección

estoy enamorado
estoy enfadada
estoy triste
estoy preocupada
estoy muy contento

A: ¿Cómo estás?
B: Bien.

A: ¿Cómo estás?
B: Regular.

A: ¿Cómo estás?
B: Estoy mal.

A: ¿Cómo estás?
B: Estoy enferma.

A: ¿Cómo estás?
B: Estoy resfriado.

Lección 9 ¿Quieres salir?

1

Tomás invita a Luisa al cine

Luisa: Dígame.
Tomás: Hola Luisa, soy Tomás.
Luisa: Hola Tomás. ¿Qué tal estás?
Tomás: Estoy muy bien. ¿Quieres venir esta tarde conmigo al cine?
Luisa: Pues lo siento, pero mi madre está enferma.
Tomás: ¿Está enferma? ¿Qué es lo que tiene?
Luisa: Está resfriada y tiene mucha fiebre.
Tomás: Entonces, ¿no puedes venir esta tarde?
Luisa: No, y además, estoy muy cansada. Si quieres, podemos ir el domingo.
Tomás: Entonces, te llamo entonces el domingo.

4

1 Estoy triste porque mi madre está enferma.
2 Estoy enfadado porque mi novia prefiere a mi amigo.
3 Estoy cansado porque trabajo mucho.
4 Estoy enferma. Tengo fiebre.
5 Estoy resfriado. ¿Tienes un pañuelo?

5

Consejos

Estimada señora:
Le escribo porque estoy desesperado. Mi novia me abandonó. Prefiere a mi amigo y yo estoy enamorado terriblemente de ella. ¿Por qué? No lo

comprendo. Yo soy inteligente y serio, pero también soy tímido y no soy atractivo. Soy un poco gordo y bajo, pero soy muy simpático. Mi amigo es alto y delgado, es rubio, es rico; pero está loco y siempre está enfadado. Su carácter es terrible.
No sé que hacer. Mi corazón está roto y estoy solo. ¿Qué puedo hacer?
Agradeciendo su atención, le saluda atentamente, Corazón roto.

8

Estimado Corazón Roto:
Esa señorita que usted llama su novia no es buena para usted. Es egoísta y caprichosa. Hoy prefiere a su amigo, ayer a usted, y mañana . . . ¿quién sabe?
Usted es atractivo, querido amigo, porque es sincero. El físico no es importante, lo importante es la personalidad y el carácter . . . y su carácter es agradable, ¿verdad?
Su amigo, amigo mío, no es un amigo, es otro egoísta que ha destruido su relación.
Su amigo es rico, pero el dinero no da la felicidad . . .
Corazón Roto, tiene que salir con otras señoritas. Tiene que encontrar otros amigos. Tiene que tomar vacaciones y olvidar a su novia a orillas del mar. Pero también tiene que comer menos, hacer más deporte y jugar a la lotería para ser como su amigo: ¡guapo y rico!

12

Invitaciones

1 **A:** ¿Quieres ir al fútbol conmigo?
B: Lo siento, no puedo.
A: ¿Por qué?
B: Porque estoy muy ocupado. Tengo mucho trabajo.

2 **A:** ¿Quieres venir a cenar al restaurante con nosotros?
B: Sí, estupendo. ¿A qué hora?
A: A las siete.
B: A las siete no es posible, mejor a las ocho porque salgo de clase a las siete y media.

3 **A:** ¿Quieres ir a la piscina esta tarde?
B: Pues me gustaría, pero es imposible, estoy muy resfriado y tengo fiebre.

4 **A:** ¿Quieres ir a la discoteca conmigo?
B: Pues no me apetece, no me gusta bailar; prefiero ir al cine o al teatro.

15

ir a + infinitivo

A: ¿Quieres venir conmigo?
B: No gracias. Voy a cenar en un restaurante.

A: ¿Quieres ir a la piscina?
B: No gracias. Voy a ver a mis padres.

16

María: Hola Alfonso, ¿quieres venir al cine esta tarde?
Alfonso: Pues esta tarde no puedo, tengo clase de inglés.

María: ¿Y mañana, quieres venir a la discoteca?
Alfonso: Pues lo siento, pero mañana voy a estudiar. Tengo un examen.
María: ¿Quieres ir a la piscina el sábado?
Alfonso: No puedo, el sábado voy a ir a casa de mis amigos Carlos y Ana para el fin de semana.
María: ¿Y el viernes? ¿Quieres ir a una fiesta? Es el cumpleaños de mi amiga Carmen.
Alfonso: Sí, el viernes estoy libre.

19

¿Qué tipo de película vas a ver?
una película de aventuras
una película romántica
una película de terror
una película cómica
una película de dibujos animados
una película policiaca
una película del oeste
una película de ciencia ficción

22

¿Por qué no vamos al cine?
A: ¿Queréis ir a ver . . . ?
B: ¡Qué aburrida!
C: ¿Por qué no vamos a ver . . . ?
A: ¡Qué miedo!
C: ¿Vamos a ver . . . ?
A+B: ¡Estupendo!
A: ¿A qué sesión vamos?
B: ¿Dónde quedamos?
C: En la puerta del cine a las siete menos cuarto.

23

Esta semana hay muchas cosas que hacer en nuestra ciudad. Los días diez y once a las siete y media de la tarde podremos ver la película de Walter Hill *Límite 48 Horas* en el Colegio Mayor Universitario la Salle.
El día once habrá un partido de baloncesto entre los equipos Helios y Real Zaragoza en el Pabellón Deportivo de la Caja de Ahorros.
El día doce habrá una conferencia sobre la situación política a las ocho de la tarde en el Centro Pignatelli, y como siempre, numerosas exposiciones. Destacan una exposición sobre arte asiático en la sala de Arte Goya y otra exposición sobre pintura y escultura contemporánea italiana en la sala del Palacio de los Condes de Sástago.

Vocabulario para la próxima lección

Medios de transporte
el coche el autobús
el tren el metro
el avión la bicicleta
el autocar el barco
la motocicleta (la moto)
Voy a mi trabajo en coche.
Yo voy en autobús.
Yo en tren.
Yo voy en moto.
Yo voy en metro.
Yo en bicicleta.
Yo voy a pie.
Voy a Colombia en avión.
Viajo de Madrid a Barcelona en autocar.

Lección 10 ¿A dónde vamos?

1

En la estación

María: Quiero un billete de ida y vuelta para Santander, por favor, para mañana muy temprano.
Empleado: ¿En el Electrotrén?
María: ¿Es el más rápido?
Empleado: El Talgo es el más rápido pero sale más tarde.
María: Bien. El Electrotrén. ¿A qué hora sale?
Empleado: A las ocho de la mañana.
María: ¿Y a qué hora llega?
Empleado: A las dos menos cinco de la tarde.
María: De acuerdo.
Empleado: ¿De segunda clase?
María: Sí. No fumador. ¿Puedo reservar la vuelta?
Empleado: Sí. ¿Qué día vuelve?
María: El día ocho por la tarde.
Empleado: De acuerdo. Son treinta y dos euros. Aquí tiene el billete.
María: Muchas gracias.
Empleado: A usted.

4

Comparativos

El Talgo es más rápido que el Tranvía.
El TER es más cómodo que el Ferrobús.
El Ferrobús es menos rápido que el TER.
El Tranvía es menos cómodo que el Talgo.
El Electrotrén es tan cómodo como el Talgo.

Superlativos El Talgo es el tren más rápido de la RENFE.

7

1 Yo tengo cinco años. No tengo que pagar en el autobús.
No, los niños deberán viajar con billete o bonobús a partir de los cuatro años de edad.
2 Tienes que guardar el billete durante todo el viaje.
Sí, el billete o bonobús se guarda durante todo el trayecto a disposición de los inspectores.
3 Sólo puedes fumar en una parte del autobús.
No, no se debe fumar en el interior de los autobuses.
4 Dos personas pueden utilizar el mismo bonobús.
Sí, pero si el bonobús se utiliza por más de una persona debe quedar en posesión de la última que abandone el bus.
5 No hay autobuses con aire acondicionado.
No. Disponemos de autobuses con aire acondicionado.
6 Sólo tengo un billete de 20 euros. No puedo viajar en el autobús.
Sí. El conductor-perceptor puede cambiar billetes de hasta 10 euros.
7 Es barato viajar en autobús.
Sí. El autobús es el sistema de transporte más barato en la ciudad.
8 Viajar en coche por la ciudad es más rápido que en autobús.
No. Viajando en autobús contribuimos a crear un tráfico más fluido en la ciudad.

8

Anuncios de tren

A Rápido Talgo con destino a Madrid Chamartín estacionado en vía tres va a efectuar su salida dentro de breves momentos.

B Tren Tranvía con destino a Lérida efectuará su salida dentro de cinco minutos por vía cinco.

C Electrotrén con destino a Barcelona estacionado en vía dos saldrá con media hora de retraso.

12

Rosa habla de sus vacaciones en Formigal, una estación de esquí

Iré a Formigal de vacaciones con un grupo de amigos. Pasaremos varios días allí, en la nieve. Esquiaremos, bueno, yo no esquiaré mucho porque no sé esquiar muy bien. Mientras ellos esquían yo tomaré el sol en la terraza del hotel o de algún bar y haré fotos, o leeré.
Iré en tren porque para mí es más cómodo y el viaje es más bonito y tranquilo que en el autocar, aunque el autocar es más barato. Estaré en un hotel muy bonito. Es un poco caro pero la comida es excelente así que prefiero comer en el hotel.

17

¿A dónde vamos de vacaciones?

1 **Luis:** Yo prefiero tomar el sol y no hacer nada.

2 **Ana:** A mí me interesaría ver edificios antiguos.

3 **Juan:** A mí me encantaría ir a una gran ciudad para ir de compras y a las discotecas.

4 **María:** Yo quiero ir a las montañas. Es más sano.

Vocabulario en casa

Ir de vacaciones

ir de vacaciones	un folleto
una agencia de viajes	un mapa
un crucero	un plano
una excursión	un horario de trenes
un viaje organizado	el precio
un itinerario	un suplemento
la temporada extra	un descuento
la temporada alta	el seguro
la temporada media	
la temporada baja	

Podemos ir de vacaciones en temporada alta o extra, que es muy caro, en temporada media, que es de un precio normal, o en temporada baja que es muy barato. La agencia de viajes puede aconsejarnos los precios, los descuentos en temporada baja, los suplementos y el seguro.

Podemos ir en un viaje organizado con un itinerario de excursiones, visitas y cursillos de windsurf.

Podemos ir en un recorrido de un país o una región.

Es aconsejable llevar un folleto de la ciudad o de la región, un mapa, un plano de la ciudad y un horario de trenes si viajas en tren.

Vocabulario para la próxima lección

Las cuatro estaciones

El verano, el invierno, la primavera, el otoño, el sol, la nube, la nieve, el cielo, la lluvia.

Lección 11 ¿Qué tiempo hace?

1

Juan: Dígame.
Rosa: ¿Está Juan?
Juan: Sí, soy yo. ¿Quién es?
Rosa: Soy Rosa.
Juan: ¡Hola Rosa! ¿Qué tal?
Rosa: Muy bien. ¡Estupendo! ¿Y tú? ¿Qué haces?
Juan: Pues, regular. Tengo mucho trabajo y hace mal tiempo. Mira, en este momento estoy trabajando y . . .
Rosa: ¡Qué pena! Aquí hace calor y mucho sol. Hace muy buen tiempo.
Juan: ¡Qué suerte! Aquí llueve todos los días y hace frío. Está lloviendo ahora mismo. ¿Y qué haces?
Rosa: Pues voy a la playa todos los días. Esto es fantástico. Ahora estoy tomando el sol y después voy a cenar a un restaurante con unos amigos.

2

¿Qué tiempo hace?
Hace buen tiempo; el tiempo es bueno.
Hace mal tiempo; el tiempo es malo.
Hace sol y hace calor. ¡Qué calor!
Hace viento y hace frío. ¡Qué frío!
Llueve; la lluvia.
Nieva; la nieve.
Hay niebla.
Hay tormenta.

3

1 Hace mucho calor, ¿verdad?
2 Hay mucha nive ¿verdad?
3 Hace mucho viento hoy.
4 Hay mucha niebla.
5 ¡Qué frío hace!

6

El clima de Aragón
El clima de Aragón es muy variable y extremo. Cambia mucho de verano a invierno y a veces es muy duro, especialmente para los agricultores. También varía mucho de unas partes a otras de la región. Por ejemplo, no es lo mismo el clima de montaña, de los Pirineos, que el clima continental y extremo de la llanura, ¿no?, del centro. En primavera el tiempo suele ser agradable y la temperatura es buena, aunque un día hace mucho calor, otro día mucho frío o llueve, pero poco, ¿no?, porque en esta región llueve muy poco. Varía mucho y suele hacer mucho viento. En verano hace muchísimo calor, en las montañas es más fresco, pero en el centro mucho sol y calor.
En otoño también varía mucho como en la primavera y siempre hace viento. También en invierno hace viento. El viento es una característica de la zona. También hace frío, a veces mucho frío, pero hace sol casi siempre y en las montañas nieva así que se puede esquiar.

8

La previsión del tiempo: primera parte
Toda la Península queda inmersa en una zona anticiclónica, lo que nos garantiza un tiempo agradable, estable, con mucho sol y noches frías. Algo nuboso en el este; el sudeste con riesgo de lluvias especialmente en Murcia y alguna tormenta en Andalucía oriental.

Habrá también algunas nubes en el oeste y nieblas pero, como ya hemos dicho, mucho sol, especialmente en el norte, los Pirineos y la zona central.

La previsión del tiempo: segunda parte
Temperaturas para hoy:

La Coruña. Mínima de siete y máxima de doce.
Bilbao. Siete y trece.
Zaragoza. Tres y diez.
Barcelona. Ocho y quince.
Valencia. Nueve y catorce.
Murcia. Nueve y catorce.
Sevilla. Cinco y diecisiete.
Madrid. Mínima de uno bajo cero y máxima de doce.

10

Tengo frío. ¿Puedes cerrar la ventana?
Tengo calor. ¿Puedes abrir la ventana?

11

Conversaciones telefónicas
Ana: Dígame.
María: ¿Está Ana?
Ana: Sí, soy yo. ¿Quién es?
María: Soy María.

12

1 **Isabel:** Dígame.
Pedro: Hola Isabel, soy Pedro. ¿Qué tal?
Isabel: Pues regular. Estoy bastante resfriada. ¿Y tú?
Pedro: Bien, trabajando mucho, ahora hay mucho trabajo en la oficina.
Isabel: ¿Cuándo tienes las vacaciones este año?
Pedro: Pronto. El mes que viene.
Isabel: ¿Y dónde irás?
Pedro: A la playa, al Mediterráneo, como siempre.

2 **Rosa:** Dígame.
Carmen: ¿Está Rosa?
Rosa: Sí, soy yo, ¿quién es?
Carmen: Soy Carmen.
Rosa: Ah, ¿qué tal, Carmen?
Carmen: Bien gracias. Oye, ¿queréis venir a comer a casa el domingo a mediodía? Es el cumpleaños de Elisa.
Rosa: Sí claro. ¿A qué hora vamos?
Carmen: Sobre la una, ¿vale?
Rosa: Sí, sí, muy bien. ¿Qué tal vas con la casa?
Carmen: Pues ahora estamos pintando la cocina, hay mucho trabajo pero está quedando muy bien. Ya la verás el domingo.
Rosa: Vale, pues, hasta el domingo.

3 **Begoña:** Dígame.
Rosa: Hola Begoña, soy Rosa.
Begoña: ¡Qué sorpresa! ¿Qué haces?
Rosa: Mira, te llamo desde una cabina . . . desde la playa. Estamos muy bien, hace un tiempo muy bueno, mucho calor. ¿Qué tal está todo? ¿Está bien la casa?
Begoña: Sí, todos los días paso a ver si está todo bien.
Rosa: ¿Y tú qué tal?
Begoña: Bien, pero todos los amigos están de vacaciones y me aburro un poco.

Rosa: Bueno, que se va a cortar y no tengo más monedas. Un abrazo.
Begoña: Adiós.
Rosa: Adiós. Hasta pronto.

14

¿Qué decimos cuándo alguien llama?

1 **A:** ¿Está Juan?
B: No está.

2 **A:** ¿Está Juan?
B: Un momento. Ahora se pone.

3 **A:** ¿Puedo hablar con María, por favor?
B: Sí, soy yo.

4 **A:** ¿Está el Señor Pérez?
B: No es aquí.

15

1 **A:** ¿Está Juan?
B: No está.
A: Soy Luis. Llamaré más tarde.

2 **A:** ¿Está Juan?
B: Un momento. Ahora se pone.
A: Gracias.

3 **A:** ¿Puedo hablar con María, por favor?
B: Sí, soy yo.
A: Hola, soy Pedro.

4 **A:** ¿Está el Señor Pérez?
B: No es aquí.
A: Perdone.

18

1 **Virginia:** ¿Está Javier?
Yolanda: Sí, pero está duchándose. ¿Puedes llamar más tarde?

2 **Virginia:** ¿Está Javier?
Yolanda: Sí, pero está cenando. ¿Puedes llamar luego?

3 **Virginia:** ¿Está Javier?
Yolanda: Sí, pero está durmiendo. ¿Te puede llamar más tarde?

4 **Virginia:** ¿Está Javier?
Yolanda: No. Está trabajando.
Virginia: Bueno, llamaré más tarde.

5 **Virginia:** ¿Está Javier?
Yolanda: No. Está lavando el coche.
Virginia: Bueno. Llamaré luego.

19

Rosa: Javier, ¿qué haces?
Javier: Estoy estudiando. Tengo un examen mañana.
Rosa: ¿De qué es el examen?
Javier: De física.
Rosa: ¿Qué carrera estás estudiando?
Javier: Estoy estudiando quinto curso de Geológicas.
Rosa: ¿Es muy difícil?
Javier: Sí, sí, es muy difícil.
Rosa: Pero, ¿te gusta?
Javier: Sí, me gusta mucho.

Vocabulario para la próxima lección

Vocabulario para contar tu vida o hablar de la vida de alguien

nacer, crecer, ir a la escuela, hacer el servicio militar, hacer una carrera (universitaria), conocer a (alguien), enamorarse, casarse, tener hijos, separarse, divorciarse, cambiarse de casa, jubilarse, morir.

Lección 12 ¿Qué hiciste?

1

Ana invita a Juan al cine

Ana: Hola Juan.

Juan: Hola Ana. ¿Qué tal?
Ana: Bien. ¿Qué vas a hacer esta tarde? ¿Quieres venir al cine?
Juan: Pues, no sé. No me apetece salir. Voy a ir a casa.
Ana: ¡Qué raro! ¿Qué te pasa?
Juan: Pues ayer salí por la noche y estoy muy cansado.
Ana: ¿Dónde fuiste?
Juan: Primero fui al teatro, después cené en un restaurante y luego fui a una discoteca. Creo que bailé y bebí demasiado.
Ana: Pues, tengo dos entradas para el cine. ¿No quieres ir?
Juan: No, de verdad. Estoy muy cansado.
Ana: Bueno. Llamaré a Luis.

3

A: ¿Qué hiciste anoche?
B: Fui a ver a mi amigo.
A: ¿Saliste con él?
B: Sí. Fui al cine con él.
A: ¿Qué película viste?
B: Una policiaca. No me acuerdo del título.
A: ¿Hiciste algo después?
B: Mi amigo volvió a casa y yo fui a la discoteca.
A: ¿No cenaste nada?
B: Ah sí. Cené con mi amigo y después fui a casa.

4

¿Qué hizo María ayer?
María: Ayer me levanté a las siete y desayuné en un bar con mi amiga Pili. Después trabajé en la oficina toda la mañana y fui a comer un sandwich a un bar con mi amiga. Luego fui a comprar una revista en un quiosco. Volví a la oficina y vi un pastel de cumpleaños en la mesa y unas botellas de champán. Todos mis compañeros cantaron 'Cumpleaños feliz'. Fue muy emocionante. Por la tarde visité a mis padres y después cené con unos amigos en un restaurante. Pasé un día muy agradable.

6

¿Qué hiciste . . . ?
la semana pasada
el mes pasado
el año pasado
ayer
anoche
antes de ayer, anteayer
hace dos semanas

8

1 **Rosa:** Javier, ¿qué hiciste ayer?
Javier: Ayer me levanté pronto para estudiar. Después fui a la universidad y volví a casa a las dos, y después de comer, por la tarde, fui a jugar a baloncesto.

2 **Pedro:** Ayer no trabajé y por eso me levanté tarde, a eso de las nueve. Desayuné y a las once fui a comprar. Me compré unos pantalones vaqueros y una camisa. A la una tomé un aperitivo con unos amigos y fui a comer. Comí a las tres y por la tarde fui al gimnasio a hacer un poco de ejercicio. Cené a las diez y me acosté después de ver un poco la televisión.

3 María Teresa: Ayer llegué temprano a mi oficina donde trabajo como arquitecta. Hacia las nueve comencé a diseñar un proyecto que presentamos a las once de la mañana para unos clientes.
Fui a almorzar a la casa. A las tres volví a la oficina a mirar algunas obras que teníamos pendientes. En la noche comí en casa y salimos a un cine con mi novio.

11

Cuatro personas hablan de lo que hicieron durante las vacaciones

Rosa: ¿Qué hiciste en las vacaciones el año pasado, Javier?

A Javier: El año pasado estuve en la montaña. Estuve un mes en nuestra casa con mi familia. En el pueblo me encontré a mis amigos con los que me fui de excursión, eh . . . fui con ellos a pasear, a hablar y por las noches nos íbamos al bar y . . . lo pasé muy bien.

B Señora Yuste: En mis vacaciones fui en avión al extranjero, a Inglaterra. Estuve seis semanas en septiembre, estuve en casa de unos amigos. Fui al teatro, a ver museos y también hice muchas excursiones.

C María Teresa: En mis vacaciones fui en barco a la playa, a Mallorca. Estuve por tres semanas en agosto. Nos alojamos en un hotel. Nadamos, hicimos excursiones, paseos. Tomé el sol y monté en bicicleta.

D José: Las vacaciones pasadas las pasé en un pueblo pequeño donde tengo amigos. Estuve dos semanas en julio y estuve de camping. Fui mucho en bicicleta y nadé en la piscina del pueblo.

18, 19

La vida de Ana

Ana: Nací en mil novecientos cincuenta y cuatro en Zaragoza donde pasé mi infancia y juventud. En mil novecientos setenta y dos fui a la universidad. Terminé mis estudios en mil novecientos setenta y seis y en mil novecientos setenta y siete me casé. Ese mismo año fui a París a estudiar francés en la universidad de la Sorbona durante un año y después fui a Londres. Estuve dos años en Londres, donde trabajé como profesora de español, desde mil novecientos setenta y ocho a mil novecientos ochenta.

En mil novecientos ochenta volví a España, a Barcelona y allí viví durante cuatro años trabajando también como profesora en un instituto. En mil novecientos ochenta y tres tuve a mi primera hija.

24

¿Quién es este famoso?

Nació en Nueva York en mil ochocientos noventa y nueve. En mil novecientos quince hizo el servicio militar. En mil novecientos veintiséis se casó con Helen Menken. En mil novecientos veintiocho se divorció y se casó con Mary Philips. En mil novecientos veintinueve un cazatalentos

lo descubrió.
En mil novecientos treinta hizo su primera película llamada *El Conquistador*. En mil novecientos treinta y siete se separó de Mary Philips. En mil novecientos cuarenta y uno tuvo su primer éxito con *El Ultimo Refugio* y en mil novecientos cuarenta y tres hizo su película más famosa, *Casablanca*. En mil novecientos cuarenta y cinco se casó con Lauren Bacall y tuvo dos hijos: Stephen, que nació en mil novecientos cuarenta y nueve y Leslie que nació en mil novecientos cincuenta y dos. En mil novecientos cuarenta y nueve participó en actividades políticas especialmente en solidaridad con los perseguidos por el Comité de Actividades Anti-Norteamericanas. Murió en mil novecientos cincuenta y siete.

Vocabulario para la próxima lección

Los síntomas	**Las enfermedades**	**Los remedios**
el dolor de cabeza	la gripe	una inyección
el dolor de garganta	el catarro	unas pastillas
la fiebre	una infección	una pomada
el dolor de estómago	un virus	un jarabe
la tos	una intoxicación	
la diarrea	una insolación	

Lección 13 ¿Qué te pasa?

1

Ana con el médico

Médico: ¿Qué le pasa?
Ana: Pues, no sé. He tenido un catarro muy fuerte y ahora me duele la cabeza y el oído.
Médico: Vamos a ver . . . Parece que tiene un poco de infección. ¿Ha tenido mareos?
Ana: No. Pero me encuentro muy mal.
Médico: ¿Es usted alérgica a los antibióticos?
Ana: No.
Médico: Bueno, pues le voy a recetar estas pastillas. Tiene que tomar una después de cada comida.
Ana: De acuerdo.

2

La cabeza, los ojos, los oídos, las muelas, la garganta, el estómago, los brazos, las piernas, las manos, las rodillas, los pies.

3

Los síntomas

1 **A:** ¿Qué le pasa?
B: Me duele la espalda.

2 **A:** ¿Qué le pasa?
B: Me duele la garganta.

3 **A:** ¿Qué le pasa?
B: Me duelen los pies.

4 **A:** ¿Qué le pasa?
B: Me duele la cabeza.

5 **A:** ¿Qué le pasa?
B: Me duelen los oídos.

8

Consejos

1 **A:** ¿Qué te pasa?
B: No sé, me duele la cabeza.
A: Debes tomar esto y acostarte pronto.

2 **A:** ¿Qué te pasa?
B: No sé, me duele todo.
A: Tienes mucha fiebre. Tienes que quedarte en la cama. Llamaré al médico ahora mismo.

3 **A:** ¿Qué te pasa?
B: Me duele la muela.
A: ¿Por qué no vas al dentista en seguida?

4 **A:** ¿Qué te pasa?
B: Mi hermano ha tenido un accidente.
A: Hay que llamar a una ambulancia inmediatamente.

9

Sugerencias

A: Me duele la cabeza.
B: ¿Por qué no tomas un aspirina ahora mismo?

A: Tengo fiebre. Me encuentro mal.
B: Tienes que ir a la cama inmediatamente.

A: Me duele la muela.
B: Debes ir al dentista pronto.

A: Tengo dolor de estómago y no puedo comer.
B: Hay que ir al médico en seguida.

11

Yolanda va al médico por primera vez

Médico: Es la primera vez que vienes a la consulta, ¿verdad?
Yolanda: Sí.
Médico: ¿Puedes contestar a unas preguntas? Tengo que hacerte una ficha.
Yolanda: Sí, sí, claro.
Médico: Vamos a ver. ¿Has tenido alguna enfermedad de importancia de pequeña?
Yolanda: No. Bueno, tuve las normales . . . Y además la del tifus.
Médico: ¿Cuándo eras pequeña?
Yolanda: Sí.
Médico: ¿Y de mayor?
Yolanda: No, ninguna.
Médico: ¿Operaciones? ¿Te han operado de algo?
Yolanda: Sí, de apendicitis.
Médico: Y tus padres, ¿han tenido alguna enfermedad grave? ¿Están sanos?
Yolanda: Sí, están, menos que a mi madre a veces le duele la espalda.
Médico: ¿Vacunas? ¿Estás vacunada de todo?
Yolanda: Sí.
Médico: ¿Fumas?
Yolanda: No.
Médico: No fumas. ¿Haces deporte?

Yolanda: Sí. Juego al tenis y natación también.

14

Pedro y Carmen se encuentran en la calle

Pedro: ¿Qué has hecho?
Carmen: He salido de vacaciones.
Pedro: ¿Dónde has ido?
Carmen: He ido a México, y tú, ¿qué has hecho?
Pedro: He tenido muchos problemas.
Carmen: ¿Qué te ha pasado?
Pedro: He perdido mi trabajo y he estado enfermo.

18

Material: de plástico, de madera, de oro, de plata, de metal (metálico), de seda, de lana, de tela, de piel.
Forma: redondo, redonda; cuadrado, cuadrada; rectangular; alargado, alargada.
Tamaño: grande; pequeño, pequeña; mediano, mediana.
Diseño: estampado, estampada; liso, lisa; de rayas; de listas.

19

En la oficina de objetos perdidos

1 **Señora:** Buenos días. He perdido una cartera de piel negra con documentos. Creo que me la he dejado en un taxi. ¿La ha traído alguien?
Empleado: Espere un momento, por favor. Sí, aquí la tiene. La ha traído el taxista.

2 **Señora:** Buenos días. ¿Podría decirme si han encontrado una chaqueta de lana roja?
Empleado: A ver . . . un momento. Pues, no, no la tenemos aquí. Lo siento.

3 **Señora:** Buenas tardes. He perdido un paraguas azul que tiene el mango de madera. ¿Lo tienen aquí?
Empleado: Un momento. Mire, tengo estos paraguas. ¿Es éste el suyo?
Señora: Pues no.
Empleado: Si quiere volver mañana, quizás lo tendrá.
Señora: Sí. Volveré mañana.

23

Una mujer describe un robo

Señora: Buenos días. Vengo a denunciar un robo. Me han robado un bolso en la estación.
Policía: ¿Dónde ha ocurrido exactamente?
Señora: En el quiosco. He ido a comprar unas revistas con mi marido y mis hijas y he dejado el bolso en un lado y alguien lo ha cogido.
Policía: ¿A qué hora ha sido?
Señora: Hace una hora, a las diez más o menos.
Policía: ¿Ha visto a la persona que lo ha cogido?
Señora: No, no sé. No he visto nada.
Policía: ¿Cómo es su bolso?
Señora: Es mediano, de tela, marrón con listas negras, con mi nombre.

24

La mujer describe lo que había dentro del bolso

Policía: ¿Qué llevaba dentro del bolso?

Señora: Pues todo lo de valor; dinero, unos trescientos euros, una cámara fotográfica, mi carnet de conducir y el de mi marido, los pasaportes de mis hijas, las gafas de sol de mi marido, un estuche pequeño con mis joyas, dos libros, uno de niños.

Vocabulario para la próxima lección

Programas de la televisión

El programa, la carta de ajuste, Informativos, Telediario, Noticias, una serie, un episodio, un capítulo, un concurso, el tiempo, un programa infantil, los deportes, el programa deportivo, Despedida y cierre, Programa regional, Cine-Club, película.

Lección 14 Repaso

1

Tres personas hablan de su tiempo libre

1 Me gusta nadar, bailar, el cine, pero no el teatro. Me gustan mucho las fiestas. No me gustan los museos ni el ajedrez.
2 Me gustan los deportes arriesgados, como el paracaidismo. No me gusta el agua ni nadar ni pasear.
3 Soy muy tranquila. Me gusta ir a sitios tranquilos como los museos. Me gusta la cultura, voy mucho al teatro. Los deportes no me gustan, pero me gusta el ajedrez. No me gustan las fiestas, no me gusta bailar.

2

Las tres personas describen las actividades

1 El ajedrez es muy aburrido. Los museos son para intelectuales aburridos también.
Me gusta nadar porque es muy sano y es bueno para estar en forma y bailar porque es muy divertido.
2 El paracaidismo es divertido y emocionante. Pescar es muy aburrido.
3 Me gusta pescar, la pesca es relajante y agradable. El paracaidismo es un deporte peligroso. No me gustan los deportes peligrosos. El teatro es interesante.

8

Las fiestas anuales en España

En España se celebran muchas fiestas ya que cada ciudad tiene las suyas propias, aparte de las que son comunes a todos. En invierno, después de la Navidad, el día seis de enero, tenemos la fiesta de los Reyes Magos, que es cuando recibimos los regalos en vez de recibirlos el día de Navidad.

Después celebramos los Carnavales, que estuvieron prohibidos durante el franquismo, pero que han vuelto a resurgir con mucha fuerza. Se celebran en febrero generalmente.

En Semana Santa tenemos procesiones religiosas en todas las ciudades y pueblos, pero las más famosas son las de Andalucía. En primavera, a finales de abril, se celebra la Feria de Abril de Sevilla y, un mes antes, el diecinueve de marzo, las Fallas de Valencia. El

veinticuatro de junio es el día de San Juan y se celebra la entrada del verano encendiendo enormes hogueras.
Probablemente las más conocidas sean las fiestas de San Fermín el siete de julio con los encierros de toros por las calles de la ciudad de Pamplona.
El día veinticinco de julio, día de Santiago, es fiesta nacional porque es el patrono de España y el día quince de agosto, día de la Ascensión también es fiesta nacional. Son las dos fechas más importantes del verano.
En otoño hay ya menos, las más importantes son las fiestas del Pilar de Zaragoza, que se celebran el día doce de octubre, coincidiendo con el día la Hispanidad.
Y luego tenemos como fiesta nacional también el día de la Constitución, el seis de diciembre. Ésta es muy reciente.

12

Vamos a ver un reportaje de lo que fue el viaje del año pasado.
La aventura transcurrió a bordo del barco Guanahani con 500 jóvenes entre 16 y 17 años originarios de 26 países. El objetivo del viaje era reproducir el itinerario que Cristóbal Colón siguió en su segunda ruta a América.
El viaje se inició en el puerto de Huelva desde donde fueron a Tenerife, la Gomera y Hierro. Ya en América atracaron en San Juan de Puerto Rico, Santo Domingo, Puerto Plata, Isabela y Puerto Navidad. Desde La Habana se puso rumbo a Miami y finalmente a Guanahani en San Salvador para regresar hasta Lisboa y atracar en el puerto de Cádiz casi un mes después.
Vamos a ver un reportaje sobre cómo es el viaje de este año. Aventura 92 es tu oportunidad de repetir el tercer viaje de Colón a tierras americanas junto a 400 jóvenes de 24 nacionalidades. Sabrás como es la vida a bordo de un barco, cruzarás al Atlántico, conocerás La Gomera, Las Islas de Cabo Verde, las Bocas del Orinoco, el Salto del Angel, Ciudad Bolívar, Trinidad, Santo Domingo, la isla de Madeira, y podrás vivir la selva de cerca navegando en canoa y explorando tierras nuevas donde no ha llegado la civilización.
Todo esto asesorados por un equipo de profesores expertos viajeros. Para que América sea más tuya después de 32 días con la Aventura 92.

The *Pasos 1* audio material consists of two cassettes or CDs, as follows:

TAPE 1
Side 1: Pronunciación–Lección 4
Side 2: Lección 5–Lección 7

TAPE 2
Side 1: Lección 8–Lección 11
Side 2: Lección 12–Lección14

CD1
Pronunciación: track 1
Lección 1: tracks 2–10
Lección 2: tracks 11–21
Lección 3: tracks 22–29
Lección 4: tracks 30–37
Lección 5: tracks 38–44
Lección 6: tracks 45–56
Lección 7: Repaso: tracks 57–61

CD2
Lección 8: tracks 1–8
Lección 9: tracks 9–19
Lección 10: tracks 20–27
Lección 11: tracks 28–40
Lección 12: tracks 41–49
Lección 13: tracks 50–61
Lección 14: Repaso: tracks 62–65